頭がよくなる四字熟語力

齋藤 孝

角川書店

頭がよくなる四字熟語力

目次

頭がよくなる
四字熟語力

イラスト　イラ姫
装　丁　高柳雅人（角川書店装丁室）

「四字熟語力」で現代をタフに生きる！

「四字熟語力」でマイナスの状況をパワーに変える

四字熟語を、現代人にとってもっとリアルなものにしたい。漢字文化圏に生きていることの楽しみや恩恵を、日常生活でもっと積極的に利用したい。そこで考えたのが**「四字熟語力」**です。

四字熟語に「力」をつけることで、**言葉に従来の意味とは違うニュアンスをもたらす**。元の意味を少しずらしたりひねったりして、新しい見方や解釈をする。**「自画自《じがじ》賛《さん》力」「四面楚歌《しめんそか》力」「捲土重来《けんどちょうらい》力」**……といった具合に、現代人のパワーとして活用できると思われる四字熟語に、新たな意味づけをしてみる。

「四面楚歌」を例にとれば、現実に自分自身がまさに四面楚歌的状況に立たされたとき、その事態をどう捉《とら》えて自分を処するか。発想をちょっと転換させることで、辛《つら》い状況をプラスに変えていく力が湧く（「四面楚歌力」↓41ページ）。これが「四字熟語力」の考え方です。

前向きなストレートな言葉よりも、むしろ否定的なイメージの熟語を、あえてずらした解釈でプラスの意味合いに変え、生きていくための力と成すところがポイントです。

なかには力にはなりえない四字熟語もあります。

「四字熟語力」の対極にあるのは、「四字熟語癖《へき》」です。状況にどっぷりとはまり、そこから抜け出せない人、その傾向が「癖《くせ》」になって否定的な考え方しかできない。「力」は生きていくうえで必ずプラスになりますが、「癖」はマイナスのパワーです。癖は大抵、無自覚なものです。ふと気づいたらやっていた……それが癖です。自分の

「癖」を自覚し、意識的に直していくしかない。

自分の身体と心をぐらせた言葉は、単なる知識ではなく、血肉となって、人生で役立ちます。四字熟語が、自分自身の生き方を見直すヒントになる。**「四字熟語力」とは、いまを生き抜くための自己啓発の力**です。

自分にいまどんな力が必要なのか、何の力を伸ばしていくべきか。「四字熟語力」を身につけることで、人生を何倍もポジティブにしていくことができるのです。

四字熟語は決め球である

漢字文化圏に生きていてよかった、とつくづく思います。漢字は深い。面白い。一文字で多くの意味を含んでいる。文字自体に重みがある。**一目見ただけでパッとイメージを喚起させる力を持っている。**漢字には、かなやアルファベットのような表音文字にはない力がある。

なかでも四字熟語は、漢字の持つ魅力を一段と鮮明に感じさせてくれます。一字だけでも存在感のある漢字が、四つ並んで深い意味を持って訴えかけてくるのですから、これはインパクトがある。しかも切れ味がいい。

「あの一打が、ピンチをチャンスに変えた」と言うよりも、「**起死回生**《きしかいせい》の一発」のほうがはるかにシャープですし、「一生で一度の出会いを大切にする」よりは「**一期一会**《いちごいちえ》」と書いたほうがピリッと締まる。

「**快刀乱麻**《かいとうらんま》を断つ」「**乾坤一擲**《けんこんいってき》の大勝負」「**隔靴掻痒**《かっかそうよう》」「**虎視眈眈**《こしたんたん》」……状況を端的に言い当てている痛快さがある。

コメント力のない人でも気の利いたコメントをしたように聞こえる。色紙に書いても収まりがよく、どこかありがたみも出る。しかも、四字熟語は人の心に残りやすい。スピーチで四字熟語を使うと、話の大半は忘れてしまってもその熟語は深く印象に残ることがある。

四字熟語は、文章や発言における決め球です。短いなかに意味が凝縮されていて、状況にぴったり合う文脈で使えると、非常に爽快《そうかい》感がある。

どこかおかしみがあるのも、四字熟語の特徴です。「**侃侃諤諤**《かんかんがくがく》」「**一気呵成**《いっきかせい》」「**七転八倒**《しちてんばっとう》」「**跳梁跋扈**《ちょうりょうばっこ》」……語感がリズミカルで、勢いがある。字面も面白い。「隔靴掻痒」という字を見ているだけで、何やらむずがゆくなってくる。「**魑魅魍魎**《ちみもうりょう》」とはさまざまな化け物や怪物のことですが、おどろおどろしさが文字にそのまま表れている。四字熟語には、漢字の持つ面白さが詰まっている。

四字熟語は、漢字文化圏の長い歴史のなかで培われてきた英知の賜物《たまもの》です。含蓄に富み、精神の後ろ盾となる言葉も多い。四字熟語を自在に使いこなせると、表現が多彩になり、日本語力に自信を持つことができます。

活きた言葉として使おう

四字熟語はなぜ、日本人に親しまれてきたのでしょうか。

中国から伝来した漢字文化のなかには、三字経というものもありました。三字で説教が続く形式のものですが、日本人にはあまり馴染《なじ》まず、四字熟語のほうが幅広く受けいれられた。四字熟語には現実感があり、普遍性があったからです。

たとえば、「一気呵成」とは途中で休まずに一息でやり遂げることです。「呵」には「息を吹きかける」という意味があり、息を吹きかけるように一思いにやる様子を言う。息ですから、「ああこういう感覚か」と誰もがわかる。

あるいは、「起死回生」。昔は死がつねに身近にあった。病院で死ぬわけではなかったので、みんな死を目の当たりにしていた。日常の生活と人の生き死にとが密着していた。ですから、死にかかった人を生き返らせることがいかに大変な大逆転劇を意味するか、みんなが感じ取ることができたわけです。

四字熟語には身体性とからむ言葉、生活に密着した言葉が多い。リアルな体感を通して自分のうちに取り込みやすい言葉、現実味を強く持っている言葉が多かったため、人々の心に浸透しやすかったのです。

ところが、今日では四字熟語はほとんど暗記するものになってしまった。意味をよく知らずに、ただ熟語として覚えるだけ。「四面楚歌」の「楚」が古い中国の国名であることを知らないと言葉の奥行きがわからない。「**臍下丹田**《せいかたんでん》」の在《あ》りかを答えられる人も少ない。

「四面楚歌」は『史記』に記録されている故事を由来としている語です。楚の国の項《こう》羽《う》が敵である漢の劉邦《りゅうほう》の軍に取り囲まれたとき、四方の敵が楚国の歌を歌っているのを聞き、楚の民も降伏して漢の勢力下に落ちたものと思い込んで戦う意欲を失ってしまった。このエピソードから、助けや味方がいない「孤立無援」の様子を指すようになる。周りを敵に囲まれ、いたるところから愛する故郷の歌が聞こえてくる。わが軍勢は、もはや皆、敵の軍門に降《くだ》ったかと嘆き悲しむ――。窮地に立った人ならではの切実さにあふれ、胸を打つものがある。これは、頭で考えてひょいと作れるような言葉ではない。**実感のこもった重みがある**。

たとえ楚の国を知らなくても、私たちはその心情に思いを馳《は》せることはできます。いまの時代に置き換えたらどのようなシチュエーションが四面楚歌的状況だと言えるのかを考えることで、この言葉にこめられた感情を共有することができる。「自分のこの境遇は、四面楚歌と同じではないか」と感じ取ることができれば、この四字熟語は自分にとって現実味を持った活《い》きた言葉になる。

時代は変わっても、重みのある言葉は色褪《あ》せません。強い力を持った言葉の訴求力は、時代が移り変わっても少しも衰えない。**共感力のある言葉は永遠不変**なのです。

そして、言葉は使えなければ意味がない。暗記して意味を覚え、漢字が書けたとしても、それだけでは単なる知識でしかない。**四字熟語をもっと活きた言葉として使うことに意義を感じてほしい**のです。

四字熟語を自分のものにする

四字熟語が自在に使えると、**生き方、考え方の幅が広がります。**

自分の状況や心情を的確に四字熟語にたとえられる人は、パニックになることが少ない。

「四苦八苦《しくはっく》」とか「七転八倒」という状況は、それ自体苦しいものです。渦中に身を投じてしまうと、事態に翻弄《ほんろう》されて苦しくてたまらない。しかし、一歩引いて自分を客観的に眺めるだけで、気持ちがぐっと楽になる。絶望的な気持ちから脱することができる。自分自身をこうした言葉で表現できるというのは、事態に対して距離をとり、状況をしっかり把握できているからです。

「いやあ、四苦八苦しましたよ」

明るく言えるようであれば、その人はもう完全に苦しみを乗り越えている。辛《つら》さを越えて、自分を軽く笑いとばす余裕を持つまでになっている。

さまざまなことが巡りめぐってよくない結果になったとしても、**「因果応報《いんがおうほう》」**という言葉で表現できれば、くよくよする気持ちにケリをつけられる。事態は変わらずとも、へこんでいても仕方がないと納得して、次に進める。

要するに、**日常で四字熟語が使えるというのは、状況に対してタフになる**ことでもあります。

置かれている状況なり心境を四字熟語で表現し、自分をその真っ只中《ただなか》から引き剝《は》がして、外側から捉える目を持つ。難しい精神論など要らない。ただ、事態に巻き込まれず、自分を離れて見る余裕を持つだけでいい。

また、現在の状況だけでなく、過去を振り返って四字熟語で言い表してみることは、自己肯定する力になる。過ぎ去った時代を数年ごとに区切り、それぞれの時期を、四字熟語で表現するとどういう時代だったかを考えてみる。

「中学、高校時代は、ずっと野球に『**一心不乱**《いっしんふらん》』だった」

「就職活動に『**東奔西走**《とうほんせいそう》』した一年間だった」

「入社したてのころは『**軽挙妄動**《けいきょもうどう》』ばかり繰り返していた」

振り返って「〇〇〇〇の時代」と整理することで、年月にメリハリを持たせることができる。その時々の人生の変化が浮き上がって見えてくる。各々の時代にきちんと意味を持たせて人生を受けとめることができる。それが前向きに生きていくひとつの手立てとなるのです。

生きるスタイルになる「四字熟語力」

自画自賛《じがじさん》力

本来の意味　自分で自分を褒めること。

●あっけらかんと自分を褒める！

自分を自分で褒める＝うぬぼれの強いヤツ、という印象が強いためか、自画自賛は一般的にはあまり好ましくないこととされています。

画に書き添える詩句や文章（「賛」、「讃」と言います）は人に書いてもらうのが通例なのに、その賛も自分で書くことから転じて、自分を褒める意に用いられるようになりました。

人の自慢話は不快なものです。自分がいかに優れているかを折りに触れほのめかされるのはわずらわしい。しかし、スカッと言ってのけられると、不思議と爽快《そうかい》です。

自慢には、ほのめかし系とスカッと系とがあり、後者を私は「**自画自賛力**」と呼んでいます。マイナスイメージの四字熟語も、「力」をつけることでプラスの意味合いに変えることができる、という典型です。

自画自賛力には、いくつかのコツがあります。

最も重要なのは、自己客観視。

たとえば、自分の描いた絵を、巧《うま》いと感じたとする。描き手が自分であるから素晴らしいのか、それとも、描き手にかかわらず褒めたくなる出来なのか。ポイントはそこです。自分が描いたとは思えぬほどに、立派な出来ばえだ。誰が描いたものだろうが評価できる。――ならば、大いに自画自賛していい。「自分」を誇るのではなく、一枚の画としての出来を褒めているのですから。自分を突き放した視線、自己という存在に捉《とら》われていない客観性があると、自慢も嫌らしくはなりません。

独りよがりの自慢は、鼻持ちならない。自分だけが得意になっているとか、あるいは、評価されるだけのことをその人がしていないのに、あたかも自分の功績のように吹聴《ふいちょう》するのは、自画自賛力とは言えない。

自画自賛は、第三者が客観的に見ても共感できる状況でこそ認められるのです。

もうひとつのコツは、**カラリとはっきり言う**こと。周りは一瞬唖然《あぜん》としますが、軽やかにやり過ごす。しつこく繰り返すと、客観的に見て妥当でも聞き手はうんざりしてきます。思い切りよくさっと言い放つ。いつまでもその話題に固執することなく、どんどん話を次に進める。あくまでも、**自分のことだから誇っているのではない、というスタンスを忘れない**。

ただし、自慢するからには、当然それなりの責任が生じます。

「私は頭がいい」と自画自賛する以上は、「言っているほど頭よくないじゃないか」と突っ込まれてはいけません。いかなるときも、人を納得させられねばならない。そうした覚悟のもとにわが身を駆り立て、緊張を失わずに日々を過ごすことで、人間はより伸びるのです。

自画自賛力は、自分で自分を盛り上げる。これができると、**元気になる**。**明るくなる**。しかも、技《わざ》として身につくと、**場を明るくします**。

●客観的な自己肯定で、パワー倍増

日本人の謙虚さにはどこか、褒めてもらいたいという浅ましさがある、と私は思います。自信があってもあえて謙遜《けんそん》して、それを否定し褒めてもらうことを望んでいる節がある。その点、自画自賛力は自家発電のようなもので、他人の手をわずらわせません。自分で自分を肯定しているから、他人に褒めてもらう必要がないのです。

快く人を認められないのは、内なる嫉妬《しっと》心に原因があります。自画自賛力のある人は嫉妬心を抱かない。自他同じく肯定できるため、人を褒めることに抵抗がない。自画自賛力があれば、他人を褒めることも巧い、というわけです。

自画自賛力が魅力の著名人としては、まずメジャーリーグで活躍するイチロー選手を挙げたい。技術者としての自分を客観的に言葉で説明できる。彼の語録には、自画自賛力に長《た》けた名言がたくさんあります。

「勝負の場で力の差を見せつけるのがいちばんです。

野球に限らず何でも実力の差を見せてしまえばいいと思います」

女子プロゴルファーの宮里藍《みやざとあい》選手も、この言葉に刺激を受けたと語り話題になったことがありました。

イチロー選手の自己客観性は、自画自賛の手本と言えます。たとえばこんなことも言っています。

「ぼくは天才ではありません。なぜかというと自分がどうしてヒットを打てるかを説明できるからです」

天才ではないと、謙遜しているのではありません。意識せずともできる天賦の才に恵まれたわけではなく、努力を重ね、どうやったら打てるかを分析・研究してきたからできるのだ、とアピールしているわけです。それだけの日々の努力を、「天才」の一言で片付けられたくないという自負が感じられます。

同じ「天才」という言葉を、自分に対して使ってしまえる自画自賛系もいます。タレント、松本人志《ひとし》は笑いについて、「オレって天才ちゃうやろか」と言ってのけます。人格を誇っているわけではなく、この笑いは客観的に見て質が高い、ハイレベルな笑いだという自信がある。そこで「いえいえ、私の笑いのセンスなど、まだまだでございます」と言ったら、面白くもなんともない。かえって嫌味です。

世のなかの人が自信過剰と忌み嫌うかというと、必ずしも嫌いはしません。イチローも松本人志も、すでに実績と社会的評価があるので、世間も納得するのです。

私も自画自賛が好きですが、相手を間違えて失敗したことがあります。うまい自画自賛は、福沢諭吉《ふくざわゆきち》の『福翁自伝』、自画自賛力の極限は、ニーチェの『この人を見よ』に見ることができます。笑えます。

我田引水《がでんいんすい》力

本来の意味 物事を自分の都合のいいように考えたり、利益になるようにはかったりすること。

●否定的な意味を力に変える

みんなのための用水を自分の田にだけ引くというところから来た言葉です。

自分に都合のいいように考える人は、たしかに自己中心的で、強引というマイナス面があります。敵を作りやすく、強引な印象を与え、軋轢《あつれき》を生じやすい。しかし、一貫して言えるのは、仕事に関してパワフルだということ。これを自分の持ち味だと意識して技《わざ》にまで高められれば、「**我田引水力**」は強力な武器になります。

四字熟語に「癖《へき》」をつけると、困った人を表します。ある状況にはまって抜け出せない人、その傾向が癖になって、自分ではまったく気がつかずにやってしまう人のことです。

「力」と「癖」のいちばんの違いは、自覚の有無です。我田引水しているという自覚がない人は、「我田引水癖」で嫌われます。

自分に都合のいいように解釈する、すなわちすり替えともいえますが、そもそも論理というのは解釈次第でどうとでもなるものです。あらゆることが自分にとって有益だと思えれば、怖いものなし。何をやっても楽しいし、張り合いがある。**すべてが自分にプラスになる**ように考え対処できると、**トラブルも人生の肥やし**になります。

自分は我田引水傾向があると思った人は、我を張りすぎたときや、主張を押し通しすぎたときに、ふっと肩の力を抜いてこう言ってみましょう。

「私、我田引水力が勝ってしまっているものですから……」

場の空気は一転して和みます。まず、我田引水を力としているという言葉の組み合わせのギャップにおかしみが湧く。また、自覚を相手に伝え、単に目先のことしか見えない狭量な人間ではないとわからせることができる。気持ちに余裕があることが場を明るくし、相手の心証をよくします。

なにも我田引水に限りません。針小棒大《しんしょうぼうだい》力（↓26ページ）でも、大言壮語《たいげんそうご》力（↓28

ページ）でも使える一言です。**マイナスイメージの四字熟語こそ、「力」にしがいがあります**。ただし、四字熟語の意味だけでなく、状況自体も逆手にとったひねりの強い表現なので、相手も心に余裕があり懐深い人でないと、通じないかもしれません。

我田引水力とほぼ同様の意味合いで使える言葉に、「**牽強付会**《けんきょうふかい》**力**」があります。こちらのほうが、道理に合わないことを無理やりこじつける印象がより強いといえましょう。それだけに、これが「癖」になっている人は嫌われやすい。反面、「力」にすることができれば強力です。

他人がなんと言おうと自分の信念を貫き通すタイプの人でなければ、牽強付会力は身につけられません。

しんしょうぼうだい

針小棒大力

本来の意味 小さなことを大げさに言うこと。針ほどのものを棒のように言うことから。

●小さな話を大きく育てる

事を実際より大きく言ってしまうのは、よくあることです。営業トークは、基本的に何かを売り込もうとしているのですから、いいことばかりを並べやすい。また、人を褒めようとすると、大げさな言い方になりやすい。**話を面白くしたいという気持ちがあること自体は、決して悪いことではないのです。**

しかし、自分をよく見せたいがために話を誇張してしまうのは「力」ではなく悪い「癖」です。自己客観視がなければ、「針小棒大癖」です。

誇大な表現で面白くなることと、つまらなくなることの区別がわかっていて、テクニックとしてやる。あるいは**対話の相手へのサービスとして**針小棒大をやるのであれば、立派な「**針小棒大力**」といえます。

この力が備わっていると、物事に発展性が生まれます。**小さい話をうまく魅力的な話に育てることで、周囲の人も乗ってきて、実際に大きなことができるようになる。**仕事ではしばしばあるケースです。もちろん、ただ面白おかしく膨らませて法螺《ほら》話をすることを勧めているわけではありません。

絵に描いた餅《もち》を本物にするには、人が興味を持ち、真剣に乗ってくれるだけの説得力が必要です。人を傷つけず真実を損なわない範囲を自分で計りながら挑戦してみる価値のある「力」です。

針小棒大な「ほらふき」も力になると、人を楽しませることができます。ビュルガーの『ほらふき男爵の冒険』という古典もあります。ウソだとわかっていても楽しめる。そんな「針小棒大力」は、物語を作る力でもあります。

大言壮語《たいげんそうご》力

本来の意味 実力以上にいばって、大げさに言うこと。また、その言葉。

● 新たな風や流れを巻き起こす

大きなことを言うことによって自分や周囲を盛り上げていく効果、とくに組織においては牽引《けんいん》力となる「**大言壮語力**」にここでは着目したいと思います。

反発や批判を覚悟し、ときには返り血を浴びる覚悟で向かっていく。こういう力を持つ人がグループにいると、風が巻き起こります。最初はみんな「何を寝ぼけたこと言ってるんだ」などと腐《くさ》すものの、次第に触発されていく。集団に意識改革を迫り、喝を入れるには、ぜひひとり欲しい人材です。

実行しなければならない責任も伴いますから、このプレッシャーは自分を追い込む原動力にもなります。

口に出したからには、「大言壮語したくせに……」という非難は当然浴びます。それを引き受けるのは、プレッシャーのなかで自分を鍛えることです。ぬるま湯の環境にとどまらず、その言葉を偽りにしないために頑張る。

人の予想を覆す発言は、その場に新しい動きや流れを起こすパワーです。いままで通りの路線、もしくはその延長線上で物事を言ったり考えたりすることは、可能性を限定しやすい。「自分を限る」ことになります。

孔子《こうし》は、弟子が「自分には、まだそんな才はありません。私にそういう力さえあればやらせていただきますが、そこまで達していませんので……」と自分の力不足を訴えると、「いま汝《なんじ》は画《かぎ》れり」と叱ったといいます。「おまえの、その自分を限定する気持ちがいかん」とたしなめるのです。

自分の力、あるいは自分の属する組織の力を限定しない。大きく言うことによって、本当にできるかもしれないという可能性を持ち続けることが大切なのです。

●豪胆さで飛翔する

これは、**若手にこそ必要な力**です。若さゆえに状況の難しさがよくわかってないと許され、「まあ言わせておくか」と周囲が大目に見ている段階に身につけてしまうのが得策です。

勝負の世界は実績が一目瞭然《りょうぜん》なだけに、その発言は耳目を引きやすく、実践力もわかりやすい。プロボクシング、フライ級の亀田《かめだ》興毅《こうき》も強気な言動が注目されている選手です。「俺のパンチで効かへん人間はいない」と豪語して実際にKO勝ちし、タイトルを獲得してもベルトは肩に掛けるだけ。「腰には巻かん。腰に締めるベルトは世界チャンピオンのベルトだけ」と言ってのける。

私も三十代前半のころ、「いずれは文部大臣になろうと思っています」と言って一笑に付されたことがありました。相手は何をばかなことをという顔をしましたが、若いうちから枠にとらわれるよりも、「できるわけないだろ」と**突っ込まれるくらいの破天荒さを持っていたほうが、人生は絶対に面白い**のです。

気宇壮大力《きうそうだい》

本来の意味 ものの考えかたや気がまえが、非常に大きく広いこと。

●志の大きさに人が集まってくる

スケールの大きな夢や展望を抱く人の持つ力です。「大言壮語《たいげんそうご》力」は夢や目標の主体が自分自身にありますが、「気宇壮大力」はもっと広い目、長い目で物事を俯《ふ》瞰《かん》的に捉《とら》える人のことです。行き着く先が「個」ではないので、ヴィジョンを語っても「できもしないことを大げさに言っている」とは思われず、「立派な志だなあ」と受けとめられる。

たとえば、幕末の志士のように「日本という国家を、俺たちが自分で造る！」という気概を持った人。みんなが、明日自分がどうやって生きていくかを心配しているときに、天下国家のことを、数十年後、数百年後の社会のことを真剣に考える。桁《けた》違いの度量を見せる人です。魅力的で、周りにはどんどん人が集まってきます。カリスマ性があるのです。

気宇壮大力というのは、技化《わざか》がとても難しい力です。簡単に身につくものではありません。けれども、**心の習慣づけをする**効果は間違いなくあります。気宇壮大な人間になりたいと肝に銘じ、つねに心がける。小さなことにこだわる自分を「**ちっぽけな人間だな**」**と叱咤《しった》し、大きな夢を具体的にイメージする**。これを繰り返すうち、ちまちましたことに執着するのが愚かしくなり、徐々に広い視野で物事を考えられるようになる。それだけでも格段の進歩です。

ゆうげんじっこう

有言実行力

本来の意味　一度口に出したことは、必ず行動にあらわすこと。

●宣言することで自分にプレッシャーをかける

　私は、「不言実行力」よりも「**有言実行力**」のほうが偉いと考える立場です。言わずにやるということは、仮に実行できなくても、誰からも何も言われない。できなかったことをあえて公言する必要もないから、結局すべてがうやむやになりやすい。厳しく自己を律していたサムライの時代ならいざ知らず、現代人は軟弱です。ついずるずると自分を甘やかす。したがって、自分に**プレッシャーを課すことが実行への手堅い第一歩**となる。それには、人に宣言してしまうことです。

「これこれをやる」と言う。いつまでとか、目指しているのは誰だとか、できるだけディテールが細かいほうがいい。**言語化することで、目標がより明確になる。**

政治家は有言実行という風土に生きる人たちです。自分の功績をできるだけ広く知ってもらいたいわけで、そのためには不言実行で「じつは私はかくかくしかじかを実現してみせました」と胸を張ってみても意味がない。

まず、「やる」と言うことで、みんなが注目する。注目したところでやってみせる。現代社会では、こうしたやり方が求められています。

経営者を見ても、たとえば日産自動車のカルロス・ゴーン氏のように、具体的な指標を掲げて、やってみせるケースが増えています。

人に言い、衆人環視のなかに身を置くことを、プレッシャーと取るか、それとも励みにするかは、当人の心持ち次第です。

オリンピックのような極端に緊張する場面で、日本中の期待をプレッシャーと感じてしまう人と、励ましと感じる人とでは、結果がまるで違ってきます。有言実行力が身についている人は、そういうときに**重圧に押し潰《つぶ》されないで、むしろやる気が出せる。自分自身を鼓舞することができる。**

柔《やわら》ちゃんこと谷亮子《りょうこ》選手などは、完全にこのパターンです。「最低でも金、最高でも金」とか、「谷でも金」とか、「ママでも金」とか、マスコミがこぞって取り上げたくなるようなことをあえて言う。あんな発言をしないで静かにしていて、戦ってみたら優勝できたというほうが精神的には楽に決まっています。言ったからには、それだけの結果を期待される。期待に沿えなかったときの風当たりも強い。しかし、おそらく彼女くらいになると、バッシング報道すら発奮材料にできるでしょう。

最近のスポーツ界を見ていると、日本人も、有言実行型を実践している人がずいぶん増えていると感じます。

若い層ばかりではありません。中高年でもそうです。元阪神タイガース監督の星野仙一《せんいち》氏も有言実行派です。

「男は黙って勝負するというが、黙っていたらわからん。有言実行のほうがいいに決まっとる」

現代は、不言実行よりも有言実行力が求められているのです。

●ぎしんあんき
疑心暗鬼癖

【意味】いったん疑いだすと、なんでもないことまで疑わしくなり、なにも信じられなくなること。

元は「疑心暗鬼を生ず」。疑う心が起こると、ありもしない恐ろしい鬼の形が見えてくる。何でもないことまでも、疑わしく思えて怖く感じることです。

恋人が浮気しているのではないかと考えはじめると、相手の行動すべてが疑わしく思え、次第に関係がぎくしゃくしてしまう。疑いたくなるような行動をするほうが悪い、と相手を責める人がいますが、問題はむしろ自分の内にある。相手がどうあろうと自分に相手を信頼する気持ちがあれば、疑心は湧きません。

疑う心が、闇のなかに鬼を作り出すのです。鬼なんかいないのに、いるように見えてしまう。暗闇の亡霊に脅かされる。過剰に類推をして心の鬼をどんどん大きく怖いものにしてしまうのが「**疑心暗鬼癖**」です。**疑心暗鬼癖の根本にあるのは、コミュニケーション不足です**。恋人同士でも親子でも友人でも、何か齟齬《そご》があるから、そこから疑心が芽生えてしまう。

疑心暗鬼を払うには、疑う心の波及を食い止めないといけない。それには、積極的にコミュニケーションを図ることです。ひとりで考えすぎない。「本当はこう思っているのでは？」と考えるよりは、直接的にどんどんコミュニケーションを取る。話しているうちに、不安が消え、疑心が晴れ、鬼も消える。

　余計なエネルギーが内に溜《た》まりすぎると、人間は碌《ろく》なことを考えないものです。『脳内汚染』の著書で知られる精神科医の岡田《おかだ》尊司《たかし》さんによれば、人から何か言われると、些細《ささい》なことで傷つく人が増えているそうです。何気ない言動が心に突き刺さり、恨みに変わってしまう。自意識が過剰に拡大するところから「誇大自己症候群」と呼んでいるそうで、犯罪につながるケースも多い。

　それが原因で罪を犯してしまった少年たちと接していると、家族の結びつきが薄くて愛情を注がれず、周囲の評価を受けてこなかった場合が多く、ちょっとした言葉も悪意に捉《とら》えてしまう傾向があるといいます。コミュニケーションを増やしどんどん話をするようになると、その癖が次第に直っていくのだそうです。

　鬼は、自分のなかにいる。**心の闇が自分のなかに鬼を棲《す》まわせている**のです。

切磋琢磨力《せっさたくま》

本来の意味 学問や人格を高めようと、努力して励むこと。また、同じ目的をもつ仲間どうしが、互いに競い合い、励まし合いながら、ともに努力し向上しようとすること。

● 刺激を受け合う関係を築く

四字熟語力のポイントは、自分で意識してその状態を創り出していく点にあります。

いつでもその状態に持っていけるように、自らを鍛え、技化《わざか》していく。

切磋琢磨でいえば、自分を伸ばす相手、よきパートナーを自分から見つけだすことが、「力」の始まりです。さしあたっては「友だち力」をつけること。そのためには、「意《い》気《き》投合《とうごう》力」（→121ページ）「以《い》心《しん》伝《でん》心《しん》力」（→117ページ）も必要です。

「**切磋琢磨力**」といってすぐに思い浮かぶのは、二人でひとつのペンネームで作品を出していたマンガ家の藤子不二雄《ふじこふじお》（藤本弘《ふじもとひろし》さんと安孫子素雄《あびこもとお》さん）です。

富山で同級生だった二人は、マンガ家になりたいと願い、せっせと描いては互いに見せ合いました。ずっと二人で切磋琢磨してきたから、夢を大きく育てられたのだし、「あいつも頑張っている」と、一生懸命うまくなろうとした。まさに『まんが道』に描かれる道のりをたどってプロになり、共同のペンネームで二人三脚の道を歩んだのです。後年、コンビを解消するまで三十年以上、二人ひとつの名前で仕事を続けました。

互いが向上してこそ切磋琢磨です。ただ気の合う仲間というだけではダメです。**励まし合い、助け合えると同時に、刺激を受け合う関係**でなければなりません。

彫刻家の佐藤忠良《さとうちゅうりょう》と舟越保武《ふなこしやすたけ》の絆《きずな》を描いた、『老友へ』というＮＨＫのドキュメンタリー番組のビデオを、私は教材としてよく学生に見せます。

二人は美術学校の同級生で、友情とライバル関係を維持しながら、それぞれ彫刻家として活躍します。八十歳越えてなお、二人は互いを強く意識し、佐藤は「彼（舟越）がいてくれたから、いつも左前方三十度あたりを先に歩いていてくれたから、追いつきたくて頑張った」と言い、舟越もまた、「ずっと僕のなかにいてくれてありがとう」

と答える。舟越は倒れて右半身麻痺《まひ》になりますが、佐藤はそんな舟越に「最後までのたうち回って頑張ってほしい」と願う。張り合いのある関係性が、個人が持つ実力以上に才能を伸ばしていく。切磋琢磨力のあるべき姿です。

「夢の何年組」と言うように、ある年代が突出した力を見せることもあります。

「松坂世代」もそうです。西武の松坂大輔《まつざかだいすけ》選手と同学年の、プロ野球で活躍している選手たち。ピッチャーだけ挙げても、ソフトバンクの新垣渚《あらかきなぎさ》、杉内俊哉《すぎうちとしや》、和田毅《つよし》、阪神の藤川球児《きゅうじ》、久保田智之《くぼたともゆき》、巨人の木佐貫洋《きさぬきひろし》などなど、綺羅星《きらほし》のごとく並びます。傑出した力を持つライバルがいることで、その学年全体が、互いに競い、一段とパワーアップしていった結果です。

切磋琢磨が功を奏すのはスポーツや趣味ばかりではありません。受験勉強にしても、**ひとりでやるよりは二人ないし三人で一緒にやったほうが志が挫《くじ》けにくく、ペースも上がります。**

四面楚歌力《しめんそか》

本来の意味　まわりが敵ばかりで、味方がまったくいないこと。

●逆転の発想

紀元前三世紀の中国。楚の項羽《こうう》と漢の劉邦《りゅうほう》は激しい戦いを繰り広げていた。劣勢になった項羽の軍は砦《とりで》に立てこもるが、周囲を漢軍に取り囲まれる。夜、四方の敵陣から、祖国・楚の歌が聞こえてきた。項羽は、漢軍のなかに楚の人間がこんなにもいる、みな降伏して敵の勢力下に入ってしまったのか、と絶望してすっかり戦意を失ってしまった。――「四面楚歌」という語は、この逸話から生まれたものです。

現代の理屈で考えて作れないのが、故事成語の面白さです。楚という国の強大な力を知らない私たちは、日常に「楚」の字を使うことはまずありません。しかし、**きちんと謂《いわ》れがあり歴史の重みのある言葉は、心に迫る力が違います**。

見回せば、周囲は完全に敵ばかり。完全に孤立してしまった。もうダメだ、……こんな状況は、誰にでもある。気持ちが負けがちですが、ものは考えよう。発想を転換させてみるのです。

これほどの敵が自分を脅威に感じるほど、自分には力があるのだ、と考える。四方を敵に囲まれた砦に立てこもる自分と周囲の敵とを、高みから俯瞰《ふかん》するような気持ちで捉《とら》える。**客観的に状況を見つめることができると、事態を打開しようとする力が湧いてきます**。こう考えると「**四面楚歌力**」とは、周りが全部敵であっても自分自身は大丈夫という気概を持つ力、ということになります。

否定的な刺激はエネルギーになります。不愉快な経験、屈辱的な出来事、つらい気持ちを、発奮材料にして情熱へと変える。弾みをつけるために、四面楚歌という四字熟語をあえて「曲解」するのです。

私自身、人から「そんなこと無理だ」と言われると、「よ～し、絶対やってやろう！」と意欲に燃えます。反対する人が多ければ多いほど気力が満ちてきます。

孤立無援力《こりつむえん》

本来の意味 集団からはなれてしまって、助けのまったくないこと。

● 諦めない強さが、底力になる

援軍がいない状況を、仲間はずれで寂しいと考える必要はありません。**ひとりで立つ力があるから、軋轢《あつれき》も生じる。**助《すけ》っ人《と》の手を借りなくても、この事態を乗り越える力が自分にはあるのです。

四面楚歌《しめんそか》力や「**孤立無援力**」は、切磋琢磨《せっさたくま》力と対照的のようですが、双方の力を併せ持つことは自己矛盾になりません。孤立無援のなかで闘い抜く強さ、四面楚歌でも諦めない強さを持つことは、切磋琢磨力を向上させる底力になります。

画竜点睛力

がりょうてんせい

本来の意味　物事の最後の大切な仕上げ。

●最後まで詰めを欠くな！

「睛」は瞳《ひとみ》のこと。中国の絵の名人が、竜の絵の仕上げとして瞳を描き入れたところ、竜は瞬く間に生命を得て天に昇っていった。そこから、最後の仕上げや、物事の最も大切な部分を指すようになりました。

「画竜点睛を欠く」とよく言いますが、**肝心かなめのところで詰めを欠いてはいけない**、という戒めです。逆に、最後の仕上げを怠らずにしっかりやる力が備わっていれば、それは「**画竜点睛力**」です。

たとえば、本を出版するとき、企画を考え、構成を練り、内容を考えますが、中身を書き上げることに精魂使い果たし、「あとは頼んだよ。タイトルも任せるよ」と編集者に言ってしまったとする。しかし考えてみると、タイトルは本の顔です。それを人任せにしては、肝心なところに力を注いでいないことになります。「画竜点睛を欠く」ことになる。

最後に竜になってほしいのですから、**竜になるポイントはどこかをいつも意識しなければならない**。ディテールにこだわり、竜の鱗《うろこ》を一枚一枚丁寧に描き込んでも、肝心の目を描ききれなかったら、竜は天に昇っていかない。コツコツと積み重ねることの好きな人は、細かなところにも気を抜かずに丁寧な仕事をしてきたからいいものができた、と考えがちですが、鱗百枚よりも瞳ひとつのほうがはるかに大事です。すべての細部を均等に大事にしすぎると、往々にして全体への目配りができず、肝心の瞳に力をこめられなくなる。

漫画家は、背景はアシスタントに任せても、主要な登場人物の顔だけは必ず自分で描くといいます。目をいきいきと描き入れないことには、魂が吹き込まれないのです。

たとえば試験のときに、最初の一問からひとつずつ丁寧に解くのは必ずしも賢い方法ではありません。最初に全体をざっと流し見て、点数配分の大きい問題を判断し、そこに時間を割く。そして最後の五分は、不注意なミスがないかどうか、名前を書いたかどうかなどをチェックする。これも画竜点睛力です。

画竜点睛力を技化《わざか》するには、事柄や事態における「目」はどこか、**ポイントはどこにあるかをきっちり見極める**こと。そして、**そこに最高の集中力を発揮させる**こと。このふたつです。

●カギは「決めポイント」にあり

表現することにおいても、画竜点睛力が求められます。たとえば舞台で観客からの賞賛を受ける。これも、**「決めポイント」をはずさない**ことが大事だそうです。

バレリーナの草刈民代《くさかりたみよ》さんと対談をしたときに、観客の拍手を浴びるコツを伺いました。それは、絵になるポーズ、決めのポーズを決してはずさないこと。目線、眼力《めぢから》も含めて決めのポーズがビシッと決まると、必ず大きな拍手が湧くという。体操の選手が着地をうまく決めると得点が高くなるのと同じく、これも画竜点睛力です。

決めのうまさということでは、淀川長治《よどがわながはる》さんが映画解説の締めくくりに必ず言っていた「さよなら、さよなら、さよなら」という最後の挨拶《あいさつ》。これを使いだしてからビシッと終わりを決められるようになったといいます。

授業や講演は分単位の正確さでいいのですが、テレビの場合は秒単位に時間が区切られて、あと何秒という時間内にスパッと話をまとめきらなければなりません。私も何度かテレビのインタビュー録《ど》りでコメントをするうちに、ダメ出しが出るのはいつも最後の一言が決まっていないときだと気がつきました。内容的にいいことを言っても、最後のフレーズがグズグズだと、言葉が頼りなくなって説得力が湧かないのです。締めのフレーズが制限時間内にピタッと決まったときには、**着地が完璧《かんぺき》に決まった爽《そう》快《かい》感**があります。締めの一言も「点睛」です。

換骨奪胎《かんこつだったい》力

本来の意味 他人の作った詩や小説、あるいは劇などの発想を真似、形式や語句、あるいは時代とか状況を変えて、新しいかのようにして、自分の作品とすること。

●アレンジ力でアイディアを生む

換骨奪胎――好きな言葉のひとつです。**古いものを、上手に自分なりにアレンジして使う**、という意味。アイディアというのは、ほとんどがこれだと思います。

中国では「脱胎換骨」と書いて、思想や性格などがガラリと変わることを言うそうです。この由来が面白い。なんでも、もとは仙人用語だったとか。凡人が修行を積んで仙人になると、「凡胎」「俗骨」の身から脱して、「仙胎」「仙骨」に換わる。ところが仙人になっても、外見上は変わらない。つまり中身だけが新しく変わる。これを

「脱胎換骨」と言った。そこから、形式は昔のものに似ていながら中身は斬新《ざんしん》になっていることを言うようになったという。

現在、私たちが使っている換骨奪胎の意味とはかなり違います。同じ言葉をもとにしながら、それぞれの文化のなかで意味合いが変化した例といえます。

言葉のニュアンスは、時代と共に移り変わっていく。最近の日本では、換骨奪胎をあまりいいイメージで捉《とら》えていないようです。この言葉の持つ「新しく変える」ところよりも、「すでにあるものを真似る」ところがクローズアップされ、「真似＝パクリ」のイメージが強くなっているからでしょう。

本来は凡人と仙人くらい大きく変わることを指すもので、何の工夫もせずに真似することではない。**もとあったものを、新しくアレンジしなおすかたちで違うものに換えていく**、それが「**換骨奪胎力**」です。いうなれば「**ずらす力**」です。

システムとか組織というものは、自分ひとりですべてを変えることはできません。改革には一度すべてを破壊し、新しい秩序を組み立て直す、いわゆる反体制運動のような方法もありますが、軋轢《あつれき》も大きく、一筋縄ではいきません。一気にまったく違う制度を作るのではなく、現在のシステムを少しずつ改善修正し、ずらしていくほうが、変革への道は早い。問題は**何をどうずらすことが有効かを見抜く**ことで、それがわかる人は、換骨奪胎力がある人と言えるわけです。

優れた作品の多くが換骨奪胎から生まれています。

たとえば、『ハムレット』も『リア王』も昔から同じような逸話がありました。それをシェイクスピアがひとつのかたちにまとめ上げた。あまりに上手に構築されたために、長く世に残るものになったのです。

ゲーテの『ファウスト』も、日本最古の物語『竹取物語』も、細部に見られる逸話はずっと以前から、類似の伝承がありました。

舞台を別の場所、別の時代に移し、状況を変えることで、ストーリー展開は変えなくてもディテールが変わっていく。もとになる作品へのオマージュ（敬意）から、新しい世界を創り上げる。これは、ものを創造していくときの基本です。

古いものからアイディアを得たということは、歴史的な踏まえがある、教養があるということです。**温故知新**《おんこちしん》（昔のことを勉強して、そこから新しい考えを見つけること）という言葉もありますが、先人の英知の積み重ねから生まれたものは、含蓄に富んでいます。

注意しよう！　陥りがちな「四字熟語癖」

●ようとうくにく
羊頭狗肉癖

【意味】見かけと実質・内容が合わないこと。見かけだおし。

看板にはヒツジの頭を掲げながら、実際にはヒツジよりも劣るイヌの肉を売るということ。**良品と偽って、粗悪な商品を売りつけようとする悪徳商法**です。

これは、意図的にやるものです。気がついたらそうなっていたということはありえない。はなから騙《だま》してやろうというあざとい意識がある。

ものを売るには、看板、宣伝、広告などの効果はもちろん大切ですが、あまりに「売らんかな主義（何が何でも売ってやるという商魂たくましい精神）」が過ぎると、**「羊頭狗肉癖」**に陥ります。ビジネスで生じる問題の大半がこれです。**看板に謳《うた》っているよりも質のいいものを売るくらいの志が欲しい**ところです。

なんと！NASAで開発された浄水器が今なら月々3千円で！
NASA

かんこんそうさい
冠婚葬祭力

本来の意味　慶弔の儀式をまとめた呼び方。成人式・結婚式・葬式・祭祀という、人生で重要な儀式。

●儀式は心にけじめをつける

冠は、昔でいえば元服、大人になる儀式。婚は、婚礼。葬は、葬儀。祭は、祖先を祀《まつ》ること。日本人は、古来こうした人生の節目の儀式を尊んできました。

最近は伝統的儀式を軽視する傾向にあります。結婚も「式は挙げず籍だけ入れて、あとは親しい人だけでパーティを開いて済ませよう」という人が増えました。大人になる通過儀礼（イニシエーション）であるべき成人式も厳かな儀式として成り立たなくなっている。

儀式は、心にけじめをつける役目を果たします。心を新たに入れ替え、魂の力を心に刻み込む。**節目を心に残るかたちで迎える**ことは、とても大事なことです。

「人が死んだからって、べつに堅苦しい葬式なんかしなくてもいいや」となると、日常と非日常が不分明になり、人生の区切りや節目が曖昧《あいまい》になってしまいます。

●人生の節目をないがしろにしない

儀式を滞りなく執《と》り行う力は、長い間、非常に重要なものと認識されていました。それが社会的能力の中心だった時代、権力であった時代もあります。祭祀《さいし》を取り仕切る人、巫女《みこ》や神官、僧侶《そうりょ》といった人たちが社会的に大きな力を持っていたのはそのためです。天皇も、そもそも祭祀を司《つかさど》る役割を担った存在です。

武士の世界も、決まり事としきたり、統率する力によって束ねられていました。そんな社会を打ち崩し、政治だけでなく、人々の意識も暮らしも一新しようとした明治維新以来、日本は古い慣習を壊す方、壊す方へと突き進みはじめます。それでも、人々はハレとケという生活のメリハリを重んじ、季節の行事、地域や家の祭祀によってけじめをつけ、日々の暮らしに変化を与え、彩りを添えてきました。年寄りが暮らしの知恵を伝え、子や孫に引き継がれていたのです。

さらなる大きな変化は、昭和に入り、戦後日本の高度経済成長に伴って社会構造が激変したことでした。社会を動かしていく単位は地域や家庭ではなくなり、代わって会社や学校といった組織になった。

昭和四十五年ごろ、塩月弥栄子《しおつきやえこ》さんの『冠婚葬祭入門』という本が爆発的に売れました。その背景には、核家族化の浸透という時代性があったと思われます。いざというときに**恥を掻《か》かない方法を知っておきたいというニーズ**に合致した。

現在は、「知っていなければ恥ずかしい」という意識さえも薄れつつあります。

現代日本人は、伝統的なしきたりや作法についての知識、「**冠婚葬祭力**」が著しく衰えています。礼を尽くす必要があるときに、どう対応したらいいのか、何をしてはいけないのか、といった基本的な知識に疎くなっている。

儀式というのは、手続きです。段取りを踏むこと自体が大切です。とはいうものの、型どおりに手順を進めるだけでは、座が沈滞します。だれて騒ぎ出す成人式などはその典型です。本来、**儀式は厳粛な緊張した空気を以《もっ》て執り行われ、その空気が魂をひきしめて活力をもたらす**効果がありました。形骸《けいがい》化してしまった儀式には、肝心な魂に響くものがない。退屈で、その場にいることの意味が感じられない。これは困ったことです。古いしきたりを重んじながらも、いまの時代に即した儀式が求められています。

一生のなかでの大きな節目を真摯《しんし》に迎え、きちんと人生の節を刻んで生きていくことは、**人間の魂の力に敏感になる**ことでもあります。

たとえば、小中学校では、卒業式の練習に時間を割きます。ハレの日を迎えるための心構えを養い、この学校生活も終わりだという意識を自分のなかにしっかりと植え付け、気持ちに区切りをつける。ひとつの時代にピリオドを打つ。人生の大切なひとコマだと位置付けることで、次に進む原動力が芽生えるのです。

以前、来賓として招かれたある企業の入社式は、大変きちんとした儀式でした。心にしみる儀式に参加することで、今日からその会社の一員だという強い自覚が生まれ、組織や集団への愛着が深まるものです。

あるいは、「死」というものの捉《とら》え方もそうです。身近な大切な人を失ったつらさを、通夜、葬儀、供養という儀式を経る時間の経過のなかで徐々に受けとめ、此岸《しがん》（現世）と彼岸（あの世）を身体に刻むようになる。

冠婚葬祭力は、真の意味で身につけておきたい力、生きる知恵です。

起承転結力

きしょうてんけつ

本来の意味 文章の、組み立てや展開のしかた。

●みんなが面白いと感じる展開を組み立てる

面白いと感じる物語にはさまざまな要素がありますが、「**起承転結力**のある展開」はみんなが納得しやすい、受け入れやすいかたちです。

『竹取物語』では、竹のなかから可愛らしい女の子が出てくるところが「起」で、その娘が成長して美しい姫になり、男たちがこぞって求婚するところが「承」。そして「転」の部分で「じつは私は月から来た者で、十五夜の晩に迎えが来る」と驚きの事実を明かし、「結」で姫が天に昇っていく。

「起」では、人をぐっと引きつける。「承」は、早くその先を知りたくなるような、わくわくと興味を持たせるような展開がいい。「転」は、事態が思いもかけない展開をする面白さです。「結」は着地。予想通りにせよ予想外にせよ、読者が納得する終わり方ができると締まりがいい。——すべて面白さの追求です。

つまり、起承転結の構成を考えるときに私たちが意識すべきは、**何を面白いと思うのだろう、という目を持って考える**ことです。

起承転結の胆《きも》は、「転」にあります。「転」が冴《さ》えわたるほど盛り上がります。アイディアがなかなか浮かばなかったら、まず先に「転」から考える、その「転」を活《い》かすような「起」「承」「結」を考える。

「転」は、音楽でいえばサビです。Aメロ、Bメロと来て、サビがまったく違うテイストだと、ギャップの面白さでいっそう浮き立ちます。

●企画構成、プランニングの基本

私は子どもたちに、ストーリーの起承転結を読み分けることを指導しています。これがはっきりわかると、自分で文章を書くとき、話をするときにも、起承転結で構成できるようになります。

文章作法だけでなく、物事全般に対して、「起承転結があるか」という観点で考えてみる。これこそ、起承転結力です。

起承転結力をつねに念頭に置くことは、面白く感じてもらうにはどう工夫を凝らしたらいいか、という意識を持つことです。トータルバランスのなかで、最初で引きつける力がないとか、転の驚きが弱い、着地がしっかりしていない、といった流れがわかるようになる。

たとえば、上手なパーティには起承転結の流れがあります。初めの挨拶《あいさつ》があり、主目的のイベントがあり、アクセントとして気の利いた余興や自由な歓談の時間があって場が盛り上がり、最後にピリッとした挨拶で締めくくると、有意義なパーティだったという印象が残り、充足感に満たされる。

コンサートや展覧会、イベント会場の構成にも、旅行のプランにも、プレゼンテーションにも、**起承転結力は幅広く汎用《はんよう》させられる力**です。

一網打尽《いちもうだじん》力

本来の意味 一度に全部を捕まえること。もとは、ひとつの網で大量の魚をとり尽くすという意味。

●物事の本質に食い込み、ルールやツボを見抜く

この言葉には、とにかく一気につかまえてしまう、一遍にすっきりと物事を済ませてしまう小気味よさがあります。魚や鳥獣だけでなく、犯人一味を一気に捕える意味もあります。事前に準備万端整えて網を仕掛け、ここぞというタイミングを見計らってエイヤッとやる。胸がすくやり方です。

集中力を発揮して物事をやり遂げる力には、一網打尽にするやり方と、個別にエネルギーを投入してひとつずつ実績を積み重ねていくやり方とがあります。一網打尽が網を掛けて一思いにすくい取るのに対して、各個撃破型は、魚を一匹一匹釣り上げるようなもの。どちらが効果的かは状況によって違います。

「**一網打尽力**」に欠かせないのは、ボスを見分ける能力です。窃盗グループを捕まえるには、下っ端を押さえても解決にならない。グループのボス、親玉を狙って、芋蔓《いもづる》式に一気に捕まえるのが得策です。首尾よく一網打尽にするポイントをつかむ。**個々を単独に見ない**で、このグループは何によってつながっているのか、軸はどこにあるのかを見据える。

数学とか物理学という分野は、一網打尽型です。公式を見つけ出し、データを当てはめていけば解答が導き出せる。アインシュタインの相対性理論による方程式「$E=mc^2$」（エネルギー＝質量×〈光速〉^{2}）は、じつにシンプルな原理で宇宙の事象を一網打尽につかみとっています。

遺伝子研究が進んでヒトゲノム情報が解読されたのは、コンピュータを駆使することによって、膨大な数のDNA分子の配列を読み取ることができたからです。これも一網打尽のやり方です。

もっとも、細胞の核のなかに二重らせん構造を持ったDNA分子があることを発見したのは、細胞をミクロのレベルで一つひとつ研究してきた生物学者です。彼らの各個撃破式の研究によって、ＤＮＡのなかの四つの物質の並び方で情報が保存されているという仕組みがわかったから、コンピュータで一気に解明することができるようになった。三十億といわれるヒトゲノムをもし個別に調べようとしていたら、どれだけ時間がかかったかわかりません。

では、一網打尽力は実生活でどう役立つかというと、**基礎を見つける能力**になります。時間と労力をかけ端から虱潰《しらみつぶ》しにやらずとも、**ここが押さえどころというところをつかめば、効率よく事を進めることができます**。

一網打尽は、「型《かた》」の考え方に近いものです。数学や物理の公式は、まさに型です。柔道、剣道、茶道、華道、書道……日本の文化として根づいている「〇〇道」と称されるものも、すべて基本は型です。ここを注意してやれば必ず上達するポイントがあって、その呑《の》み込みが悪い人はなかなかうまくならない。逆にいえば、型からずれているところを直せばあっという間によくなる。型の基本を理解する力と、押さえどころをつかむ一網打尽力は、非常に近い能力です。

千載一遇《せんざいいちぐう》力

本来の意味 千年に一度しかめぐりあえないほど、めったにないよい機会。

●運を自分で引き寄せる

「載」は年、「遇」は思いがけず出くわすこと。千年に一度しか訪れないようなチャンスに出くわすとはなんと運のいい人だろう、と思いがちですが、これは単なる運ではありません。人生にめぐり来るチャンスの量は、「**千載一遇力**」があるかないかで変わってくるものなのです。

チャンスで打てるバッターは、チャンスボールを見逃さないから打てるのです。つねに「打ってやろう」という気構えで態勢を整えている。**自分に訪れた絶好のチャン**

スを逃さない。今回は見送ってちょっと様子を見ようと思ったとか、まさかこのタイミングでやって来るとは思わなかったとか言い訳したところで、次のチャンスはいつ来るかわかりません。次の一球に来ることもあれば、いやになるほど待たなければならないかもしれない。

千載一遇力というのは、チャンスの瞬間に、これこそが待っていたものだと動く力。待ちの姿勢のことです。「チャンスがない、チャンスがない」と言う人は、チャンスが来てもそれを認識できずに見逃してしまう。つまり、**チャンスというのは、その気で待ち構えている人のところにしか訪れない**のです。

たとえば、女性を誘うのがとてもうまい男性がいます。いいなと思う女性と出会ったときに、「千載一遇だ、これは待ちに待っていた出会いかもしれない」と即座にアクションを起こす。出会ってぱっと何かを感じたときこそ、ベストのタイミングなのです。その機を逃さずに親しくなるきっかけをつかむ。そこでへんに躊躇《ちゅうちょ》して、「携帯のメールアドレスを聞きたい。でも、どう思われるだろう。この次にしようかな」などと思っては、いい出会いもするりと逃げてしまう。せっかくのチャンスを自分でふいにしているわけです。

チャンスの神様は前髪しかなくて後ろ頭が禿《は》げているので後ろ髪をつかめないとい

いますが、チャンスと思ったらそれを自分でつかみに行く感覚が大事です。

●チャンスの確率を増やす

つねにレディネス（準備完了）の状態にある人には、千年に一度のチャンスと思えるものが降ってくる率も高まる。「これぞ」と思って踏み込む力によって、出会いのパワーが増すのです。

「引きが強い」と言われる人も、特別に好運がめぐってくる確率が高いのではなくて、機を逃さない力を持っているのです。

さしずめ、ニーチェの「永劫《えいごう》回帰」の発想です。あらゆることは永遠に繰り返されている。したがって、この瞬間に生きていることに本当の充実があるのだと考える。そのくらい思い入れが込められる、あるいはエネルギーを湧かせられると、人生を肯定的に生きるのに有効な力になる。これは「**一期《いちご》一会《いちえ》**（出会いは一生にただ一度かぎりのものだということ）」とも通じるところがあります。

何事も、もっといい選択肢があったかもしれないと逡巡《しゅんじゅん》するよりは、「いや、これは千載一遇の出会いである」と思い込むほうが、**出会いに対して肯定的に向き合えま**

す。結婚を決意するときもそうでしょう。

千載一遇力を身につければ、日常のちょっとしたことにも楽しみが増えます。

たとえば宝くじを買う。まさに千載一遇の夢を買うわけですが、やはり買いつづけなくては当たりません。遠くの「よく当たりが出ます」という売り場までわざわざ足を運ぶ。どうせ当たりっこないのにばかばかしいと思うか、ものは試しと思うか。宝くじを買うという現実を楽しんで、チャンスに遭遇する確率を自分で高める、これもささやかな千載一遇力です。

千載一遇とは、じつはあちこちにひそんでいるチャンスを、いかにしてつかみ取るかの力なのです。

「何事も縁だ」と考える「縁」重視の生き方も、出会いを無駄にしない賢い生き方といえます。

当意即妙《とういそくみょう》力

本来の意味 すばやく頭をはたらかせて、その場に合った受けこたえをするようす。機転が利いているようす。

● 場を「読む」力

意見を求められた時、いい切り口でコメントができる、会議でふっと面白いアイディアが出せる、相談事に対して適切なアドバイスができる。「**当意即妙力**」**は、ライブな対応力、咄嗟《とっさ》の反応力**です。

面接というのは大抵、この当意即妙力を見る試験です。状況を瞬時に把握し、対処方法を短時間で見極める。就職試験でいきなり「なぜこんな質問を?」と面食らうようなことを訊《き》き、答え方を見る。同じ程度の能力の人が何人かいたら、私なら当意即妙力がある人を採用します。どんな仕事をやらせても、きっとうまくしのいでいけるからです。

　会社組織というものは、マニュアルやシステムを完備しておけば、ある程度までは順調にいく。ただし、やっぱりある程度まで、です。同じシステムのなかで動いているのに、片や生き生きしている職場、片や生彩を欠く職場と差が出るのは、そこにいる人の当意即妙力の差です。

　実際にはマニュアルのないところで、いろいろなことが起きる。当意即妙力のある人は、すばやく想像力を働かせる、すなわち**危機管理能力に長《た》けている**。普段と違うことが起きても、優先順位を間違えない。危険回避の策を講じられる。その機転が潤滑油となって、組織が活性化するのです。

　当意即妙というのは、行き当たりばったりでただ速いだけの反応と勘違いされやすいのですが、じつは「読み」というナイーブな感覚を必要とします。流れを読む力があるか、場の空気に敏感かどうか。

　当意即妙な人は、状況や流れを読んで、自分の発言や行動の効果を考えて動きます。**考え方の基本が、まず相手ありき**、なのです。相手の発した信号を受けて、自分が返す。**文脈や状況が発している信号をキャッチして動く**。「**臨機応変**《りんきおうへん》（その場その場に応じて適切な方法をとること）力」と言い換えることもできます。

●自分を中心に考えず、相手を感じ取る

企業の不祥事の際に、トップの人間が頭を下げる光景がメディアに流れますが、これも当意即妙力が問われる場です。危機管理能力が乏しいだけでなく、発言も無神経で、謝り方も下手。「これではダメだ」と嘆息を漏らしたくなるようなトップがよくいます。

脳ミソの硬い人、また見るからに身体が硬直している人は、ほぼ例外なく当意即妙力に欠けています。いざというときに、融通が利かない。

これは私の性格だから仕方ない、と開き直る人がいます。**当意即妙力は、天性の資質ではありません**。性格のせいにするのは、伸ばす意欲が欠如しているだけ。たしかに、天才的なキレを発揮する人とそうでない人の個人差はありますが、いつも感覚を鍛えようという気持ちを持つことで、確実に伸びる能力です。

いい例がミュージシャンでしょう。デビューしたときからライブをうまく盛り上げられる人は、そうはいません。観客を楽しませようとつねに意識し続けることで、優れたパフォーマンス能力を蓄える。観客の反応によって演奏曲目を変えたり、語りを

変えたりするのは、まさに当意即妙力です。客席からの声にいつでも応《こた》えられるように、反射神経を研ぎ澄ませていることで磨かれていく。

自分を中心に考えるのではなく、**相手を感じ取ることで技化《わざか》される力**です。

けんこんいってき

乾坤一擲力

本来の意味 自分の運命を賭けて大勝負をすること。

●「のるか反るか」の賭けに出る、天性の資質

運を天に任せて賽《さい》を投げる、それこそのるか反るかの大博打《おおばくち》みたいな状態が乾坤一擲です。サイコロで**乾（天＝奇数）が出るか、坤（地＝偶数）が出るか**を賭《か》けるという意味から来た言葉。

これが力になっている人、「**乾坤一擲力**」のある人は、勝負運があります。

ゴルフの世界四大トーナメントなどを見ていると、タイガー・ウッズは必ずと言っていいほど優勝圏内に名前がある。大きな勝負どころに強い。**勝負事に本気になれば**

なるほど強いのが、乾坤一擲力です。大舞台でのプレッシャーをたくさん経験し、勝負慣れしているのでしょうが、やはり天性の勝負強さを持っている。

この本で紹介している四字熟語力のほとんどは技化《わざか》で身につけられますが、乾坤一擲力は少し違います。**大きな勝負に向く人、向かない人というのが資質としてあって、向かない人は無理しないほうがいい**。そういう人は乾坤一擲力など目指すべきではないのです。

小さい子どもに賭け事の勝負をやらせると、勝負センスがわかります。ルーレットゲームで同じ額のチップを持たせても、負ける子はすぐにすってしまいます。計算力や引きの強さでは説明できない、天性のものが顔を出す。成長しても、たぶんその資質は変わらない。むしろ、勝負勘を持った人は、自信も加わって勝負どころを見極める力が一層ついていきます。もっとも、人生というのはその能力だけで遊んで暮らせるようにはなっていませんが。

負けがこんでくるとついカアッとなって頭に血が上り、「よぉし、一か八《ばち》かだ。やってみよう」となる人は、まず乾坤一擲の勝負はしないほうがいい。

勝負感覚というのは、鍛えて伸ばすものというよりは、運動神経のようなもので、基本的にセンスとして持っているかいないかです。**ない人はないなりのスタイルで生**

きればいい。乾坤一擲なんて絶対にやらない、それでも幸せになれる。勝負センスがないからといって、普通に生きていくには困りはしません。

●力を温存しない決断をする

大勢を率いる立場にいると、大きな勝負に出なければならない機会もあります。経営者には、**勝負どころを察知する嗅覚《きゅうかく》**が必要とされます。あるいは、監督業。高校野球にも、まさにここが勝負の分かれ目という決断のシーンがある。一発逆転なるかどうかのときに、誰を代打に指名するか、これは監督の乾坤一擲です。勝負ですから、どちらに転ぶかはわからない。そこで重要な戦力を使わずに負けるのがいちばんまずい。サイコロを振って、結果ダメだった場合はまだ諦めがつきますが、力が温存されたまま負けては無念で仕方ない。かといって、最初から勝負を賭けて全精力を投じてしまうのもうまくない。ここだというタイミングに戦力を一気に投入する、**乾坤一擲のためにはその見極めが大事**です。

ナポレオンは、こういう采配《さいはい》が得意でした。どの地域にどれだけの戦力を投入するかの判断が重要である、戦闘とはそういうものだと語っています。

注意しよう！ 陥りがちな「四字熟語癖」

舌先三寸癖

●したさきさんずん

【意味】 口さきだけでうまく言うこと。

うわべだけのうまい言葉。セールストークで用いられるほか、詐欺の手口でもある。最近、テレビで消費者金融のコマーシャルが頻繁に流されています。一見良心的なキャッチフレーズを徹底的に耳に入れられ、意識に刷り込まれると、高利で借金をすることへの感覚が麻痺《まひ》してしまいます。利息のべらぼうさも、借金の後ろ暗さも、金融業界のイメージ戦略によってすっかり覆い隠されている。テレビでこんなにコマーシャルを流している会社なのだから大丈夫だろう、という気になってしまう。これは社会の在《あ》り方としていいことではありません。とはいうものの、**内実の伴わない言葉に踊らされて火傷《やけど》しないようにするには、やはり消費者の自己防衛しか手はありません。**

がしんしょうたん

臥薪嘗胆力

本来の意味　目的を達するため、長いあいだ苦労を重ねること。

●「いつか見返してやる」のパッション力

薪《たきぎ》の上に寝て、胆《きも》を嘗《な》める。字を見ただけでも、楽しいことではないのは明らかです。これは中国の春秋時代に長く争いを続けていた呉《ご》と越《えつ》の国の故事に基づく言葉です。

呉王夫差《ふさ》は越との戦いに敗れ、その怪我がもとで死んだ父の復讐《ふくしゅう》をするために、薪の上に寝て、痛みを味わうことでその恨みを忘れないようにした。そして越を打ち破り、降伏させる。一方、戦いに破れた越王勾践《こうせん》は、この屈辱を決して忘れまいと、獣《けもの》の胆を嘗めて苦さを噛《か》みしめ、闘志を奮い立たせ、やがて夫差を打ち負かす。——

いつか絶対に復讐するぞ、勝ってやるぞという気持ちを忘れないために、薪の上に寝たり、苦い胆を嘗めたりする。これぞ、パッションの力です。

自分に降りかかった受難を、情熱へと転化してプラスに変える、これが「臥薪嘗胆力」です。「つらいことがあっても頑張ります」ではなくて、つらさなり屈辱なりを、自分を鼓舞するバネにする。この気持ちをつねに自分自身に思い起こさせるために、**薪や胆といったモノを使うところに意味があります**。

臥薪嘗胆力のコツは、隠れて胆を嘗めるところにあります。臥薪嘗胆の人は、人前で愚痴や恨み言を言わない。胆を嘗めながら、思いを溜《た》める。思いを溜めて、脳にノルアドレナリン（神経を興奮させる不快物質）を充満させる。

不快物質というのは、やる気の源泉です。**不愉快な刺激ほど、人をやる気にさせるものはない**。

たとえば、就職試験に落ちてしまった。失恋をした。どちらもつらい体験です。普通なら早く忘れてしまいたいところですが、その不愉快な刺激をあえて忘れないようにして、自分自身の意欲をかき立てる。送られてきた不採用通知を額に入れて毎日眺め、「もっと立派な会社に入ってやる」と誓う。失恋をした日を記念日にして、彼からもらったものとか一緒に写っている写真をわざと目につくところに飾る。そして、「今日を機会に、彼が後悔するくらいに、きれいになってやる」と自分磨きに励む。あるいは、人から傷つくことを言われたら、その言葉を書き残しておく。本当ならもう見たくない、捨ててしまいたいものを、**発奮材料としてあえて使う**。目標を自覚化するために、薪や胆に当たるものを用意する。絶対にやってやるというパッション。苦み、痛みをうまく利用し、記憶に、身体に染み込ませて、ノルアドレナリン全開にする。

●悔しい思いをエネルギーにする

人間というのは、どんなにショックを受け「なにくそ」と思っても、時間が経つと忘れてしまったり、諦めてしまったりするものです。ですから、**忘れないために、痛みや苦みをわが身に与える**。

人には、嫌なことやつらいことがあったときに、落ち込んでやる気を失ってしまうタイプと、逆にそれを自分のエネルギー源に変えて、十倍返しにしてやる、百倍返しにしてやると意欲に燃えるタイプとがあります。後者は臥薪嘗胆でパワーを発揮できますが、前者はつらさを思い出すことで、ますますネガティブな気持ちになってしまう。自分に悪い暗示をかけ、どんどんよくない方向に行ってしまう。極端な場合は世間を逆恨みする。

自分のなかに潜む負のエネルギーを上手に溜め込んで転化することのできない人には、臥薪嘗胆は向きません。むしろ早く忘れることで気持ちを切り替えたほうがいいでしょう。

心頭滅却《しんとうめっきゃく》力

本来の意味 どんな困難も強い心さえ持てば、少しも苦しさを感じないですむ。熱いはずの火も涼しく感じる。

●常識を捨てたところから生まれる能力

「心頭を滅却すれば火もまた涼し」の略。心の持ちよう次第で、火さえも熱くなくなる。織田《おだ》信長《のぶなが》が甲斐《かい》の恵林寺《えりんじ》を包囲して焼き討ちにしたとき、快川《かいせん》という禅師がこの句を唱えて焼死した。焼き討ちのような追い込まれたときにも、あたふたしない。うろたえた姿を見せないということです。

心も頭も滅却する、自分自身で滅ぼす、これは無我の境地です。「火もまた涼し」は身体感覚を封じている。普通の状態のときには、身体感覚を生かして何かをするほうがいい。しかし、あるところまで行くと、心も頭もスーッと落とす、感覚を落としていくことも必要になる。火の上を歩く、冷たい滝に打たれるといった修行がありますが、これは火が熱い、滝は冷たいという感覚自体を捨ててしまうのです。

寒中水泳もそうですが、「寒い」「冷たい」と感じている人間がそのまま入ったら危ない。「平気だ、何でもない」と思ってやることにより、身体も準備ができる。

要するに、**常識的な観念を捨ててしまう**。頭であれこれ考えることをすべて捨ててしまう。そうすると、不思議なもので、**身体が別の能力を発揮してくる**。頭で小賢《こざか》しいことを考えているから、それを当たり前だと思ってしまうのであって、そういう思いを全部切り捨ててしまうと、常識に囚《とら》われない世界が開けてくる。たとえ火に包まれても大丈夫、と思えるようになるのです。

逆境に陥ったときにパニックに陥らないための力、「**心頭滅却力**」です。

何か不幸が襲いかかったとき、どうしたらいいだろうと考えすぎて、自分で自分を摩耗させてしまうことがあります。同じことばかりぐるぐる考え、考えることで疲労してしまう。「下手の考え休むに似たり」と言いますが、よい知恵が出るわけでもないのに考えていても、何の意味もない。むしろ、考えることをやめ、ストンと落としてしまうことによって、エネルギーがクッと肚《はら》に溜《た》まります。

禅には「**身心脱落**《しんじんだつらく》」といって、身も心も束縛から解放されて自由を得るという悟りの境地があります。静かな無念無想の境地に入ると、見えてくるものがある。その「無心」になるプロセスを、心と頭を滅却するという具体的イメージで捉《とら》えた言葉です。

無心になることで、人間は思いのほか**自在闊達**《かったつ》になれる。何かの思いに囚われていると決まった方向にしか動けませんが、**心頭滅却して無念無想になると、いかようにでも動ける**。

サッカーのＰＫ戦で、キッカーの放ったボールにゴールキーパーがまったく反応できずにゴールを決められてしまうことがあります。先入観を持たずに構えているときは、仮に届かなくとも、ボールの蹴《け》り込まれた方向に瞬時に動くことができるのですが、なまじ予測を立てて逆を衝《つ》かれると、微動だにできない。ヘタに考えることは、人間の動きを縛ってしまうのです。

活殺自在力《かっさつじざい》

本来の意味 活かすも殺すも自分の思うがままであること。

●能力を見極めて活かし、運用する力

「**活殺自在力**」とは、**運用力であり、マネジメント力**だと私は考えます。

「素材を活《い》かすも殺すも料理人次第」と言います。食材の持ち味を損ねることなく、いかにおいしい料理を作るか。資金も人材もすべて同じ。こうやったら活かせる、こうしたら殺してしまう、というポイントを押さえることができる。**自分でコントロールする意識を持って生きている。**

一時は非常に羽振りがよかったのに、急速に力を失って倒産してしまう会社があります。大抵は資金運用のミスか、人材のマネジメント力不足が原因です。事業そのものは順調に行っていても、経営戦略の失敗でダメになる。

バブルのころに不動産投資に手を出したために、その後痛い目に遭った企業や個人はたくさんいました。結局、活殺自在力を持っていなかったためです。不動産会社にうまく乗せられて、自分の目で見極めようとしなかった。あるいは、その目が曇っていた。

かといって、資産運用など考えずに放置しておけばよかったかというと、それもせっかく運用できるものを活かしていない、つまり殺してしまうことになる。意識がないと、宝の持ち腐れになってしまいます。

自分の能力を見極めることも、活殺自在力です。面接試験を突破するのも、恋人を獲得するのも、自分の個性を自覚してそこをチャームポイントにしていけるかどうかにかかっています。

状況を活かすも殺すも自分次第だという自覚を持つことから始めましょう。

虚心坦懐《きょしんたんかい》力

本来の意味 先入観を持たず、さっぱりとした広い心。わだかまりのない、素直な態度。

●心のなかから、自分に囚われた自分を追い出す

自分の心にスペースを空ける、素直に外からの意見を受けいれられること。英語で言う、「to be frank with you」です。

子どもは素直です。先入観がありませんから、物事に対する姿勢が虚心坦懐です。新しいことをどんどん受けいれる吸収力がある。歳を取るにしたがって、心にも頭にも余計なものが詰まってきて、自由なスペースがなくなっていきます。

先入観というのは、自分の思い込みです。これが激しすぎると、周りも見えず、他人の言葉を聞きいれられない。こういう人は、決まって自分の話ばかりします。心のなかに、「自分」という存在が大きすぎるのです。

虚心坦懐というのは、その自分を抑えるための、素直な忍耐のことでもあります。思い込みを一旦取り去り、自己主張を抑えて、心にスペースを空けて臨む。虚心の「虚」は、心にスペースを空けるということなのです。

●立場が上になったら、腹を割って「聞く」

「虚心坦懐力」は、人の上に立つリーダーにこそ必要な力です。立場が上になればなるほど、心にスペースを持てなくなる。どんな立場でも、虚心坦懐に人の話を聞く姿勢があると、下の人がついてきます。

虚心坦懐とは、「私は腹を割っていますよ」という表明です。田中角栄《かくえい》は、これが天才的に上手《うま》かった。「よっしゃ、よっしゃ」と頼みを聞く。偉くなっても下駄《げた》履きで、庶民感覚をちっとも失わないところも人望につながった。

相手に「腹を割った感」を持たせられるのは非常な強みです。「ああ、この人は頼りになる」と思わせる。じつは腹に一物あるのかもしれない。しかし、見るからに何を考えているのかわからない雰囲気の人よりは、裏にはさまざまな思惑《おもわく》があるにしても、気取らずさっぱり話を聞いてくれる人のほうに、人望は集まる。

虚心坦懐力を身につけるべき時期は、四十代でしょう。四十代ぐらいから、厄介な人間になってくる人が増える。五十、六十と歳と共に厄介度も加速します。ターニングポイントは、四十五歳ぐらい。五十代までには虚心坦懐力を身につけるようにしておかないと、人から相手にされない老年を迎えることになります。

とくに思い込みの激しい人は困りもの。何を言っても、その人のなかでねじ曲げて解釈してしまう。先入観が強すぎると、何をどう言っても聞かない。聞けない体質になってしまっている。

身体が硬い人はとくにいけません。**身体が硬いと、頭も柔軟になりにくい**。まず身体からリラックスすること。肩甲骨をぐるぐる回しましょう。身体がほぐれると気持ちもほぐれる。そうすると、人を受けいれる態勢ができます。

虚心坦懐力と色紙に書いて日々眺めていると、高齢化社会の人間関係も少しはよくなろうというものです。コミュニケーション上手な、明るく楽しい七十代、八十代を過ごすために、ひとつの人生訓にしてほしいと思います。

けんどちょうらい

捲土重来力

本来の意味　一度失敗した者が、力をつけてもう一度いどむこと。「けんどじゅうらい」とも。

●負けを認めることから生まれる

四字熟語の醍醐味《だいごみ》を感じさせる言葉です。**漢字に強いイメージ喚起力がある。**土煙を巻き上げて再び来たる――勢いを盛り返し、再起を期してやってくる勇ましさ、あたかも黒澤明《くろさわあきら》の映画のようなビジュアルが想起されます。

私たちは、漢字文化圏に生まれ育ったことを幸せに思わなければいけません。「失敗しても、もう一度元気を盛り返してやり直す」と言うのと「捲土重来を期す」とでは、言葉としての重みがまったく違います。

負けて退くところにはもちろん屈辱もあります。しかし、それで**意気消沈してしまうのではなく、再起を誓う**。それも**具体的なイメージで強く思う**ことで、意識を高揚させる。臥薪嘗胆《がしんしょうたん》力にも近い。必ずもう一度やってやる、という感覚、それが「**捲土重来力**」です。捲土重来は、クライマックスを迎える意気高揚感に満ちています。

捲土重来力を持つためには、まずは負けなり失敗なりをしっかりと認めなければなりません。自分は負けていない、失敗なんかしていない、と言い張る人間には、捲土重来を期す気持ちは芽生えない。はっきりと「今回は自分の負けだ」と認める、そこからあらためて気概が生まれるのです。

そういう意味では、**この力は、負けや失敗を認める強さを基本にしています**。

●へこんでいたら見切られる!

じつは、私たちは日常のさまざまな局面で、捲土重来力が問われています。

「なんだよ、こんなもので使いものになるわけないだろう」と企画書を突き返されたときに、シュンとなってしまうか、もう一度持ってくるかによって、上司はその人の出方を見ている。相手が取引先であっても同じこと。

教師もそうです。叱ったら「よぉし！」と踏ん張る力のある人は叱りますが、へこんでしまって立ち直れない人のことは叱れない。

教師は、叱る代わりに褒めて伸ばすというやり方をしてくれるかもしれませんが、社会に出たら誰もそんな面倒くさいことはしてくれない。少なくとも上司は、「言っても張り合いがないヤツだ。もう言うのはやめよう」と見切ってしまうでしょう。気概があるかどうかをそこで測られているのです。

入社してしばらくというのは、ミスは当たり前、日常茶飯事です。そこでへこんで、自分にはこの会社は向いていないのかもしれない、などと考えるよりは、紙に「捲土重来」と書いて、土煙を起こして再起する、カッコいい**自分をビジュアル化してもう一度頑張ってみる**べきなのです。

一意専心力《いちいせんしん》

本来の意味　そのことだけに熱中するようす。

●時間を区切ることで集中する

一時、大相撲の関取の昇進伝達式での口上に必ず四字熟語が使われて話題になったことがありました。「**不撓不屈**《ふとうふくつ》」「**不惜身命**《ふしゃくしんみょう》」「**堅忍不抜**《けんにんふばつ》」、いずれも当時の貴乃花《たかのはな》や若《わか》乃花《のはな》が口上で使った四字熟語です。「一意専心」は、若乃花が大関になったときの口上に用いられました。

「**一意専心力**」とは、**ひとつのことに集中してエネルギーを注ぎ、成果を上げる**力を言います。

学校の試験勉強、受験などの数々の試験を頑張ってきた人は、知らず知らずのうちに一意専心力が身についています。一意専心力は、集中力と切っても切り離せない密接な関係にあるのです。

大きい試験に弱い人の敗因のひとつが、集中するための環境を整えられないことです。あれもこれもと気が散って、身が入らない。

こういう人はまず、心をひとつに向けるために、**他のことを切り捨てる覚悟**を持つ。具体的に、いつまでと**期間を設定するのがコツ**です。三週間で、三カ月で、あるいはこの半年は、というように時間を区切る。

友だちに誘われるとつい飲みに行きたくなってしまう。その結果、大事な時間を費やし勉強ができないならば、期間を区切って「この三カ月は誘わないでくれ」と頼む。願掛けのために何かを断つというのは、昔から物事を成し遂げるための常套手段《じょうとうしゅだん》です。

生活をひとつの対象にだけ振り向ける状態を、私は「一面化」と呼んでいます。その時期にはそのことしかやらない。いろんな教科の勉強をするのではなく、この二週間は英語しかやらない、この問題集しかやらないと決める。**できるだけ具体的に目標設定する。**

●一点に絞り込む

スポーツの練習でも、三カ月間ただひとつの技術を磨くと決めてトレーニングする。左手を鍛える必要があれば、そこだけを徹底して鍛え上げる。

スピードスケートの清水宏保《ひろやす》選手は、自分の身体感覚を明確に言葉で表現してくれる選手です。彼は、「小学生のときから腸腰筋を使うことを知っていた」「筋肉を細分化して、特定の筋肉だけを使って練習していた」と語ってくれたことがありますが、そのくらい特定の部位に絞り込んでトレーニングを積むのだそうです。

同じエネルギーでも散漫に撒《ま》いてしまうと、ものにならないことが多い。他のことに心を向けない覚悟が先にあると、余剰エネルギーも一カ所に向きます。

ひとつのことに気持ちを集中させるように、他のものを全部切り捨てていく。やるべきことがたくさんある、という状態自体をなくす。

最初は没頭できなくても仕方ありません。それでも、ただそのことだけをやり続ければ、自《おの》ずと心も決まってくる。心が決まると、エネルギーの掛かり方も加速します。のめり込んで、楽しくなってくる。これが本当の集中状態です。

時期を限定してひとつのことに集中できた。完全に自分のものになったら、次のひとつに集中する。これを繰り返していくと、やがて、集中に入りやすい状態を自分でつかめるようになる。脳を、あるいは肉体を、集中させるコツがわかる。そこまで達すると、並行して三つぐらいのことを集中してできるようになります。

勉強とかトレーニングというのは、そもそも**集中状態に入りやすい身体を作るための訓練**なのです。小学生でこれが技になっている人もいれば、大学生になっても集中の仕方が会得できない人もいます。大人になったらもうダメかといえば、そんなことはありません。何歳になっても、その気になれば身につけられます。

きんこんいちばん

緊褌一番力

本来の意味　気持ちを引き締めて事にのぞむこと。

●褌は、身体感覚を目覚めさせる最適ツール

ここ一番のときに、褌《ふんどし》を締めて気合いを入れて掛かること。腰肚《こしはら》文化の要《かなめ》となる身体感覚です。

佐藤愛子《あいこ》さんの書かれた『血脈』のなかに、お父さんの佐藤紅緑《こうろく》もお兄さんのサトウハチローも褌が好きだったたという話が出てきます。褌は開放的で、なおかつ気合いが入る。夏はとにかく褌一丁がいい、と言っていたらしい。

私は三、四歳のころから小学校六年ぐらいまで、毎年、子ども相撲大会に出ていて、長いさらしで褌を締めていました。パンツを穿《は》くのと褌を締めるのでは大違い。キュッと締まった時点で、いつもと違う気合いがクッと入る。相撲のよさの半分は、まわしを締めるところにあると言ってもいいでしょう。

褌はお臍《へそ》の下を通します。臍下《せいか》丹田《たんでん》はお臍から指三本分ぐらい下の奥あたり。そこと腰を通すように巻くことにより、**腰を安定させて腹力、臍下丹田の力を一体化させる**。身体の周りをぐるりと巻くことで、自分の身体が筒のような形であることをはっきりと感じ取れるようになる。腰骨と臍下丹田をしっかりと意識できる。

自分の重心を実感するのは、意外に難しいことです。帯とか褌、まわしを締めると、それが誰でもできるようになる。

私が、腰と肚、腰肚文化が大切だと言うのは、腰と臍下丹田を一体化する感覚があると、自分の中心はここだという実感、**重心の感覚を持ちやすい**からです。

ハンマー投げの室伏広治《むろふしこうじ》選手から、ハンマーを投げるときの感覚を教えてもらったことがあります。

「腕に力を入れるんじゃないんです。臍下丹田が遠心力の中心になっているだけなんです。水を入れたバケツをぐるんぐるん回すと止まらなくなって面白くなる。そこで腹に気が満ちる感覚ができたら、放してください」

言われたとおりにすると、私の投げたハンマーは気持ちよくスポーンと飛んで行きました。**一回味わったこの身体感覚に勝る実感はありません**。

褌やまわしは、帯と違って、さらに股《また》を通して縦に巻く。男性のブラブラするもの、エネルギーが渦巻く地点を締めて落ち着かせる。ただ落ち着かせるだけではないのです。胴体を横に巻くことで、気持ちを沈静させる効果があるとすると、縦に通す部分は、お尻《しり》、肛門《こうもん》から性器にかけての感じやすい場所をキュッと締め、適度に興奮させる効果を持つ。

仏像を見るとわかりますが、仏教には、**結跏趺坐**《けっかふざ》といって足の裏を上に向け、重心を肚の底のほうに置き、臍下丹田に気を静めていく坐法がある。ヒンズー教にもやや似た坐法があるが、大きく違うのは、片足の踵《かかと》を肛門と性器の間にある会陰《えいん》に当てて坐《すわ》る点。そこを刺激して人間の根源的エネルギーである性的エネルギーを活性化させつつ、平静であるという状態を作る。

褌を締めるというのは、その両方を一遍にやるようなもので、**気持ちを落ち着けながらも気合いを入れる**のにうってつけの方法です。一度実際に締めてみることです。身体感覚で感じ取ると、言葉もリアルなものとして認識できます。

●気合いと緊張で女が上がる⁉

「緊褌一番力」、字面も音の響きもおかしい。四字熟語の味わいです。

女性がよく「勝負下着」と言います。あれも一種の緊褌一番力ではないかと思います。勝負をかけるとき、ここ一番のときに身につける。

漫画家の倉田真由美《くらたまゆみ》さんと女流麻雀プロの渡辺洋香《わたなべようこ》さんが十人の男性ゲストと鼎談《ていだん》をしている、『くらたま&ヨーコの恋愛道場』（白夜書房）という本があります。私もゲストのひとりですが、そのなかでリリー・フランキーさんが、「こんなエロい下着をして歩いてる、っていうので女は磨かれるんですよ」と言っている。あまり気合いを入れすぎると相手が引きそうですが、そういう緊張感を日常的に持つことで女性の魅力が磨かれていくというのは、ひとつの真理だと思います。

褌に馴染《なじ》みの薄い現代は、緊褌一番力よりも「勝負下着力」と言ったほうが実感が湧きやすいかもしれません。

心機一転力《しんきいってん》

本来の意味　あることをきっかけに、気持ちをよいほうに切り替えること。

●心にケリをつける技

嫌なことがあっても、前向きな方向へ気持ちを積極的に切り替えていくのが「**心機一転力**」。

気持ちの切り替えには、ひとつに忘れてしまうという方法があります。それも自然な忘却ではなく、意識的に忘れようとする、考えないようにする。意識から追い出してしまう。

嫌なことを忘れるには、立て続けに何かをやるのが効果的です。

たとえば、音楽を聴く。何かを忘れたいときには、なにげなく聴くのではなく没頭して聴きいることです。聴くと気持ちを変えられるお気に入りの曲があると、もっといい。さらにいいのは、自分のテーマソングを見つけること。格闘技で選手が入場するときにそれぞれテーマ曲が流れます。あれと同じように、自分の気持ちが一気に高揚する曲を持つ。鼻歌まじりに口ずさむだけで、気持ちを切り替えられるようになればしめたものです。

もうちょっと積極的な方法では、いろいろな人に続けざまに会う方法もあります。

または、映画を三、四本立て続けに見る。

心は、出会うものによって変わります。ですから、**出会いの密度を濃くする、出会いの速度を増すことで、過去の出来事が非常に遠いことのように感じられる**のです。

●独自のキーワードや音楽で乗り越える

否定的なことが起きたら、できるだけ早く忘れてしまう他の方法に、ものは考えようだと肯定的に捉《とら》えて気持ちを切り替えていく手もある。

切り替えるきっかけは、些細《ささい》なサインでもいいのです。

島本和彦《かずひこ》さんが描いた『逆境ナイン』（小学館）というマンガは実写版で映画化もされましたが、この主人公たちはバッグンの心機一転力を持っています。

廃部を言い渡された弱い野球部が、廃部の撤回を求めて「俺たちは甲子園に出場する」と宣言して甲子園出場を目指すストーリーですが、タイトルが『逆境ナイン』というだけあって、逆境にならないと力が出ない。主人公の野球部主将が不屈闘志というこれまた四字熟語みたいな名前で、土壇場になると逆境力を見せる彼らのキーワードが「それはそれ、これはこれ」なのです。

「そうだ……弁当のことは、あくまでも事故なんだ……俺たちがここで勝たないと、おれたちが踏み越えてきた日の出商業に対して、申しわけが立たないじゃないか…!! わかってはいる……わかってはいるんだが……!! くそうっ!!」

「不屈っ!!! 今のきさまにいい言葉を教えてやる……そいつを胸に刻んで投げてみろっ!!」とサカキバラ先生、ドアップになって一言。

「『それはそれ』!! 『これはこれ』!!」

この野球部のメンバーは、逆境に陥ると落ち込むどころか、きっぱりと心を一転させて、かえって底力を出していく。「それはそれ、これはこれ」という言葉で、**心にけりをつける**。スイッチを切り替えてしまう。それとこれとはまったく別のことだと切り離して、ネガティブ材料はすべて捨ててしまう。

自分を心機一転させられる技を持っている人は、逆境に強い。たとえば、お酒を飲むことで切り替えができる人と、前のことを思い返してしまう人。夜中にブログを書くと切り替えができる人と、ますます澱《よど》んでしまう人。自分は何を使うと心機一転できるのかを知ることです。

性格があっさりしていて前のことを忘れやすいから、心機一転力があるとは言えません。淡泊な性格の人は、もともと思いが深くはないので、気持ちを一転して切り替えなければ、というほどのものもない。

心機一転力が求められるのは、前はこだわりがあったけれど、こだわり続けることで失敗したり、トラブルに見舞われたりしてしまった、そんな自分を変えたいと強く願っている人です。

何度も**同じような経験を繰り返すことで、事態に対応する力がついて、徐々にコツがわかってくる**こともあります。心機一転に不可欠なのは、できるだけいいように解釈するという自己肯定的な姿勢です。

おおばんぶるまい

大盤振舞力

本来の意味 気前よくご馳走を振る舞うこと。また、はでに金を使うこと。

●器量が問われる、「大盤振舞力」

もとは「椀飯振舞《おうばんぶるまい》」と書いて、椀《わん》に盛った飯を振る舞うことだったといいます。古くは、宮中で供せられる膳《ぜん》のことで、鎌倉・室町時代には、老将や老臣が正月に将軍などを招いて盛宴を行うことを意味した。江戸時代になると、一家の主人が正月に親類縁者を招いて宴会を催すことを言うようになる。

思いのほか歴史が古く、高貴な世界から徐々に一般に広がってきた言葉です。

しばらく前までは、正月になると本家に親族が集まるとか、会社の上司が部下たちを呼ぶという光景が見られましたが、最近はすっかりなくなりました。

いまは、どちらかというと、親分肌の人が自分の一族郎党というか、周りにいる人たちにご馳走《ちそう》をしたり、気前よく面倒を見たりする意味で使われることが多い。たとえば演歌の大御所である北島三郎《きたじまさぶろう》さんが周囲の人たちを連れてパアッと食事に行くなんていうのは「**大盤振舞力**」といえましょう。相撲のタニマチもそれに近い存在です。

大盤振舞力というのは、**財を持てる者が社会に還元する**ところに意味があります。盛大な宴を催すことで、みんなの縁を深くする。絆《きずな》が深まる。自分の蓄財ばかり考えている人には大盤振舞はできない。器量の大きさが問われるところです。

●富やエネルギーは放出し、還元すべし

「ポトラッチ」という言葉があります。ジョルジュ・バタイユが『呪われた部分』（二見書房）という本のなかで、資本主義と正反対の現象としてこんなことを書いています。

原始社会の形態をとどめているある未開の民族では、誰かが贈り物をすると、贈られたほうはそのことで相手に借りができたように感じ、それよりも立派な贈り物をす

る。やがて贈り物合戦のようになり、自分の財を使い尽くすところまでエスカレートする。蕩尽《とうじん》することが目的になっていく。

利益を得る目的で経済活動を行うのが資本主義の考え方ですが、**人間の本質にはどこかで無駄にエネルギーを蕩尽することへの願望がある。**エネルギーや富が放出されること、すなわち生産的であるとはいえない行動は素晴らしいことではないか、とバタイユは言っているのです。

貯《た》め込んではいけない、自分だけ儲《もう》けてはいけない。**富やエネルギーは、現在たまたまその人のところに集まっている**だけ。**他の人のお陰であることを肝《きも》に据え、社会に循環して返すべき**であるというわけです。

岡本太《おかもとた》郎《ろう》は、パリ留学時代にこの考え方に刺激を受けた。

ポトラッチについて初めて論文に著したのは、民俗学者のマルセル・モースでした。若いころパリに留学していた岡本太郎はバタイユとも交流がありましたし、モースにも直接学んでいます。実際にモースから『贈与論』の教えを受けていたらしく、仲間たちを誘っては「『今日はみんなでポトラッチしよう』などと、なけなしの金をハタきに、カフェへ繰りこんだりしたものだ」と書いています。

●振る舞いの心根を理解する

未開民族におけるポトラッチは、過激さを増すと自分の最も大切なものを破壊するところまでいきます。自分にはそれだけの力がある、これを失っても怖くはないのだと相手に知らしめるためです。しかし、それはある祭礼のなかで行われるものでした。祭礼というハレの場で蕩尽する。日常とは切り離された感覚だったわけです。

日本の大盤振舞も、かつては正月という祭礼に限定されていました。始終やるものではないという作法のようなものがあった。だから、そのときには盛大に行ったのです。ハレとケ、祭礼と日常の節目が曖昧《あいまい》になることで、大盤振舞の意味も次第に**曖昧模糊《もこ》**としてきたといえます。

大盤振舞する実力もないのにカッコつけてやりますと、「ええ恰好《かっこう》しい」になります。借金してでも人に奢《おご》ってしまう人がいますが、それは人にいいところを見せたいという**自己顕示欲**です。力を誇示しようとするあまりに、破壊活動を始めてしまうのと同じです。人から認めてもらおうとか、見返りを求めるような気持ちがあっては、大盤振舞力にはなりません。

親のお金で好き勝手に遊ぶのは、蕩尽は蕩尽でも、ただの「すねかじり」です。大盤振舞というのは、その人の気持ちでやるものですから、周囲が「この人は大盤振舞できそうだ」と思ってたかるのはよくない。

また、振る舞われたときには、当たり前と思わずに、**懐の深さにきちんと感謝する。そして、いつか自分も力を得たら、社会に還元することを考える。**

若いうちは割り勘にするのが普通でしょうが、「今日はみんなでポトラッチしよう」のように、人に振る舞うことの気持ちよさを知っておくことも大事です。

注意しよう！　陥りがちな「四字熟語癖」

●かっかそうよう

隔靴掻痒癖

【意味】物事の核心になかなかふれられずに、もどかしいこと。じれったいこと。

靴の上から足の痒《かゆ》いところを掻《か》こうとしても、うまくいかない。そこから、核心に行き着かずじれる気持ちを言いますが、これは、嫌われる癖のひとつです。もっと言えば、仕事のできない人の特徴です。**思考の比重の重み付けの悪さが、他人にもどかしい思いをさせる。**「じれったい人」と思わせた時点で、自分自身に損失を与えているのです。

形式が重んじられた時代には、順序立てて経緯を説明し結論に至る、という話し方でよかった。いまは、効率とスピード、要点からスパッと単刀直入に言うスタイルが求められている。一番大事なのは何で、後回しにしてよいことは何か、といった重み付けをし、**重要なことから押さえて伝える「段取り力」**が必要です。

仕事のできる人は、重み付けが完璧《かんぺき》です。物事の優先順位をはっきりさせないと立ち行かないため、手早く片づける技が身についている。先に進まないような状況に耐えられない。**仕事のできる人は間違いなく「隔靴掻痒癖」が嫌い**です。

では、どうしたら隔靴掻痒癖を直せるか。

自分の感覚を言語化することです。「もどかしい」と思ったら、その原因や理由をできるだけ正確に表現する。何をどうすればもどかしくなくなるのかを言葉にすることで、解決の糸口が見えてくる。自分でも表現できない朦朧《もうろう》とした感じというのは、思考が停止した状態です。**感覚をうまく言葉にできるようになると、隔靴掻痒感は少なくなっていきます。**

より鮮明なのは、紙に書き出すこと。文字にすると視覚に残るので、さらに問題がはっきりと見える。

コツは三色分けです。客観的に「最も大事」を赤、「まあ大事」を青、主観的に「面白い」と感じたところを緑にする三色分けで、重要度を整理する。

話をするときは、まず赤の事柄から話し、その後、青について、余裕があれば「余談ですが」と緑にいく。会議は、「まあ大事」以上を三つくらいにしぼり、赤の事項から始め、続いて青について話し合う。

これを繰り返して頭を鍛えるうちに、隔靴掻痒癖に陥らないコツが自《おの》ずとわかってくる。頭のなかが、メリハリのついた状態へと変わっていきます。

是是非非力

ぜぜひひ

本来の意味 よいことはよい、悪いことは悪いと、公平な見かたをすること。

●事に応じて、いい悪いをはっきり言う力

「いいものはいい、悪いものは悪い」としっかり言えるということ。もちろん、是がよくて、非は悪いこと。**事に応じて判断する**ところがポイントです。「**是是非非力**」または「是是非非主義」という言い方もできます。

ある主義・主張の一派にいたとします。何もかもその派閥の意向に沿っている場合は、是是非非力はない。自分はその一派に属しているけれども、このことについてはよくないと思う、とはっきり言える力。良し悪しを事柄によってきちんと分けて捉《とら》え、自分の意見として言える。原理主義と対照的な考え方です。原理主義は、つねに原理原則に戻って、全肯定か全否定かを求める。現実的な考え方ではない。実際に世界情勢も、それが原因で危険な事態になっています。

日本は、アメリカのやることに何でも右に倣《なら》えと同調しますが、たとえばイラク侵攻に関しては「これはよくない」と言うことだってできた。ところが、何も言わずに、イラクに自衛隊を駐留させた。もちろん様々な事情がからんでの判断ですが、そのことによってイスラムの人たちが非常に傷ついて、人質事件だとかテロが続いた。事に応じて、「これはいいけど、これは悪い」と言えれば、事態は違ったはずです。

是是非非力がないということは、「**付和雷同**《ふわらいどう》」（自分自身の考えがなく、他人の意見にいいかげんな気持ちで賛同すること）癖」、または「**唯唯諾諾**《いいだくだく》癖」に染まること。みんなが一斉にある方向に流されてしまうなかにあって、それでも自分の信じる考えを貫く力。社会人として、一人前の大人としての望ましい在り方です。

●組織の健全さのバロメーター

ダメになっていく会社や集団には、決まって是是非非力を持つ人がいなくなってい

く傾向があります。リーダーに対し苦言を呈する人は煙たがられ、居づらくなって辞めていく。後には「仰せのとおり」「ごもっともです」といった付和雷同癖の人ばかりが残る。社長が言おうが誰が言おうが「いいことはいい、悪いことは悪い」と言う人がいて、トップに耳を傾ける気持ちがあれば軌道修正もできますが、それができないからますますダメになっていく。

是是非非力があれば、企業の不祥事の拡大もかなりのところ防げます。不祥事は、どこでも起きる可能性がある。肝心なのは、最小限で食い止めること。たいがいは、取り繕おうとして失敗し、隠蔽《いんぺい》工作が露見して、ますます手に負えないことになっていく。隠そう隠そうとして、一層、負の連鎖が断ち切れなくなる。

自分の利害を優先する人には、是是非非力はない。宮沢賢治の『雨ニモマケズ』にこんなフレーズがあります。

アラユルコトヲ
ジブンヲカンジヨウニ入レズニ
ヨクミキキシワカリ
ソシテワスレズ

「自分を勘定に入れずによく見聞きしわかり、そして忘れず」。自分自身の利害を勘定に入れる人は、いい、悪いということを冷静に判断できません。

是是非非力のある人は、耳の痛いことを言いますから、口うるさい、煩わしい。しかし、冷静かつ公平な眼を持つ人がいることが、長期的には組織のためになる。

是是非非力を持つには、周りの意見に流されない確固たる意志が必要です。つらい立場に置かれることもありますが、それを乗り越えて余りある信頼を得ることができます。

泰然自若力

たいぜんじじゃく

本来の意味　非常に落ち着いていて、動じないようす。

●呼吸をゆっくりすれば、肚が決まる

落ち着いていて、**何かあってもパニックにならずに平常と変わらないでいられる。**「**物事を肚《はら》に収める**」**ことのできる**人のことです。

肚がある、ないという言葉を最近は使わなくなりましたが、肚のない人は、緊急の事態、困った事態になったときに、冷静な判断力を失ってうろたえてしまう。肚のある人は、客観的に物事を見て焦らず動じず対処できる。

「**泰然自若力**」は呼吸と密接につながっています。

パニックになると、頭に血が上ります。さあっと血の気が引いて、身体が浮ついてしまう。人は危険を感じると呼吸が浅くなり、吸気、吸うほうが中心になる。吸いすぎてしまうものなのです。すると過呼吸状態になる。焦ってくると交感神経系が働くので、どんどん興奮に向かっていってしまう。ですから、呼吸が浅くて、吸う息中心の人は、気持ちを静めていくことが難しい。

クールダウンさせるためには、まず息を鼻から吸って、止めて、ゆっくり長くゆるく吐く。息を吐くときには副交感神経系、興奮を抑える働きの神経系が働くため、息を長く吐くことで、興奮を静めることができる。このため、**泰然自若としている人は、呼吸がつねにゆったりとしている**のです。

あたふたせず、腰と背骨を真っ直ぐ立てて、肩の力を抜いて息を吸う。一旦《いったん》止めて、フーッと吐く。こうすると肚に収める感じがつかみやすい。

いざというときに落ち着いて「**泰然自若力**」を発揮するには、腰と肚に意識を持っていって、吐く息を長くする呼吸を身につけることです。

『呼吸入門』（角川書店）のなかで、深い息をする呼吸法を紹介しています。三秒吸って、二秒止めて、十五秒で吐く「三・二・十五の呼吸法」です。誰でもたやすくマスターでき、泰然自若力にも役立ちます。

鬼面仏心《きめんぶっしん》力

本来の意味 表面は怖そうだが、内心はとても優しいこと。また、そのような人。

●内面と外面は違う、という思い違い

心の在り方と顔の表情を分離する。これは意外に有効な力になります。

心は温かいけれども、表情は厳しく接する、人を指導するときによく用いられる手法です。笑いを取るときも、大真面目な顔でぼそっと面白いことを言うと非常に効く。表情とやっていることとの**ギャップの効果**です。

日本人は本質錯誤の傾向が強い。普段から優しい人がほんのちょっと厳しい面を見せると、「ああ、本当は優しくないんだ」と言う。優しい部分が九割で、そうでないところが一割だとしてもそうです。逆に、九割無愛想な人が一割心遣いを見せると、「本当は優しい人だったんですね」となる。

なぜか、たまにチラッと見えたものにそそられる。わずかに垣間見《かいまみ》えた面を、その人の本質だと捉《とら》える。深層にあって隠れていたものが出てきた、と考える。たしかに垣間見えた部分もその人の一面ですが、日常的にたくさん表れている面のほうが、やはりその人の「本当」だと私は思う。**本質というものは隠れたところにあるという思い込みが、日本人には強くある**のでしょう。

普段は無口でぶっきらぼうな感じの男性が、ちょっと優しいことをすると、それだけで女性の心にぐっと突き刺さるというのも同じです。

●上機嫌に厳しいことを言うほうが伝わることもある

逆に言えば、表面と中身は違うという思い込み、本質錯誤を力として利用することができます。

たとえば、恋愛の初期段階における駆け引き。普段はどうとも思っていないような顔をしている人が、あるとき突然、意味ありげにじっと目を見つめてきた。ふっと自分に関心があるようなことを匂わせた。すると、にわかにその人の存在が気にかかってくる。告白してあっけなくフラれるよりも、相手がドキリとするかたちで自分の存在を印象付けるほうが効果的です。

私は学生に対して、鬼面仏心の反対、仏面鬼心です。ニコニコしながらきついことをバンバン言う。緩いことを要求しても勉強になりませんから、結果、私はつねに上機嫌で厳しいことばかり言っていることになります。

学生から、「私は教師に向いているでしょうか?」と相談されることもあります。向いていないと思うときには、笑みを浮かべて「いや、別の道のほうがいいんじゃないか」とはっきり答える。「今の君が教室に立っても、誰もついてこないと思います」と笑顔を崩さずに言う。耳触りのいいことは言わない。向いていないものに無為に時間を費やすよりは、新たな選択を考えたほうがいい。ですから言葉を濁さずに言う。しかつめらしい表情で言うと、言われたほうはがっくりと落ち込むか、自分を否定するようなことを言う私に反感を抱いて、素直に聞く耳を持てない。和やかに接していると、それだけで心が開かれているので、厳しい忠告もすっと受けとめやすい。

厳しさを柔らかい表情で隠す。鬼の顔で鬼の心でもなく、仏の顔で仏の心でもない。**「鬼面仏心力」**とは、自分の心の在り方と表情にギャップを持たせる技です。

以心伝心《いしんでんしん》力

本来の意味 口に出して言わなくても、考えていることが互いにわかること。

●日本人の伝統的な、心を重んじる考え方

これは、日本人が最も大切にしてきた力のひとつでしょう。あえて言葉に出さないところに深いものがあって、そこで人とつながっていることを喜びとする感覚。

たとえば、男女がロマンチックな状況になったときに、ペラペラよく喋《しゃべ》る男は嫌われます。気持ちが通い合っていれば、言葉はなくても目と目でわかると考えられている。本当は、男女間でも言葉にしないと伝わらないところはあるはずです。けれども、そういう大事なことは言葉でたやすく説明することなんかできないものだという気持ちがある。**心というのは、言葉よりも微妙な、繊細なものだとする考え方が、文化として根付いている**のです。

では、心を以《もっ》て心を伝えるにはどういう方法が取られてきたのか。

媒介になるのは身体でした。

芸道の世界では、何事も身体を使って実践する訓練が中心です。謡曲でも落語でも、師匠のやっていることを反復して覚えていく。肉体から肉体へとそのまま移していくのが一般的だったので、そのために「型」というものも存在した。テキストはあまり使われず、あったとしても、補助的な役割を果たすだけでした。

たとえば、三味線を習うにしても、「ここは、こう弾くのよ」と言葉で教えることはせず、やってみせるからそれを真似しなさい、見て覚えなさいというやり方。身体レベルで伝え合うということが、日本では伝承の中心的な形だった。

職人の徒弟制度なども、懇切丁寧に手取り足取り教えたりしない。「技は見て盗め」が基本でした。説明されたことをただ受けいれていくのでは、自分で考えなくなる。感性が鈍る。**いちばん大事なものは、身体レベルで伝えていく**ものだという前提があった。

言葉を介在させないで技を伝承していく背景には、以心伝心という身体的な知の在り方に対する信頼があったのです。

●経験知でキャッチ力が向上する

「以心伝心力」は伝える側にも必要ではありますが、受けとる側によりいっそう求められる力です。受けとるアンテナを持っていないと、以心伝心しようにも伝わらない。五感全部をフルに働かせて敏感に察知する能力です。コミュニケーションにおいて、相手の表情ひとつ、たとえば眉《まゆ》がぴくりと動いたというような動きひとつで、「ああ、この人はいま『違う』と言っている」と感じとる。目を合わせた瞬間に、相手の心の動きに沿っているのかいないのかを察知する。

また非常に**細かいサインをキャッチする能力**でもある。直感的に霊感が降り注ぐようにわかるものではなくて、サインを見落とさないということ。相手のちょっとした動作、表情、言葉遣い、声の出し方、イントネーションなど、身体から発信されるさまざまなものがサインになる。そういった細かいものを敏感に察知する能力です。

その人の癖を読み取る力です。これまでの脈絡抜きにさっとわかってしまうものでなくて、現在に至るまでの膨大な対話の蓄積なり、身体レベルでのコミュニケーションなりがあって、言わなくてもわかるという安心感が生まれる。経験から、こうすればこう来るなという予測、暗黙知が働くがゆえに、良好な関係性が結ばれる。**積み重ねてきたことが大きいほど、以心伝心し合える関係性を持つことができる**わけです。

スポーツのチームプレイも、経験知に基づいた以心伝心力を必要とします。バレーボールでも、ベンチからいろいろなサインは出されますが、プレイすべてがサインで動いているわけではない。誰かが前に行ったら後ろをカバーするとか、「こう来たらこうだよ」というパターンがあって、本番で阿吽《あうん》の呼吸のプレイができる。共有された膨大な経験知がひとつの力になって、チームプレイになる。

以心伝心力は、鍛えるほどにどんどん身体のなかで鋭敏に動いてくるものです。

意気投合《いきとうごう》力

本来の意味 お互いの気持ちや考えが、一挙にぴったりと合うこと。

●互いの好きなことに共感し合う、幸せな出会い

初対面にもかかわらず非常に気が合って、とても初めてのような気がしない。あるいは、以前から知っているけれどそんなに親しくはなかった人と、新しい事柄を話題にしてみたら、すっかり距離が縮まった。意気投合するというのは、もともと親しいわけではない人と一気に仲良くなることです。両者の関係を急速に近づけるのは、**共感する力**です。

好きなことや価値を感じていることで共感し合えると、意気投合の度合いが強い。

さらには、**その人が何にエネルギーを注いで生きてきたのか、その人のパッションはどこにあるのかといった核心に近い部分で意気投合できると、本当に打ち解ける**ことができる。「**意気投合力**」とは、共感し合う力です。

対談で初めて出会った方と即意気投合してしまうことが結構あります。

最近、意気投合感が強かったのは、ジャストシステムの社長、浮川和宣《うきがわかずのり》さん。大変ハイテンションな人です。私は、テンポが速くエネルギーに満ちあふれた人と話していると、自分も脳が高速回転を始めるので、テンションが高くなる。話が止まらなくなりました。テンポも合ったのですが、さらに価値観の部分で非常に共鳴できるものがありました。

浮川さんは、日本語には日本人の作る日本語ソフトがいちばんいいはずだという信念を持っている。マイクロソフトのＷｏｒｄ《ワード》なんかに支配されていてはダメだ、最高のソフトは日本人が作るんだ、という意識で戦い続けている。私も共感するところです。

また、私は方言をもっと大切にして保存しなければならないと思っていますが、ジャストシステムの日本語入力プログラム、ＡＴＯＫ《エイトック》では、方言モードでの変換が進められている。これぞ同志だと思いました。

方言変換ができるソフトというのは、面白くはあるのですが、ビジネスとしてはあまり儲《もう》けにならない分野です。おそらく直接的な利潤には跳ね返らないに違いない。むしろ、文化事業としての意味合いが強い。それでも、やらずにはいられない。止むに止まれずやってしまう。ある種の過剰な部分、止みがたい部分に強いシンパシーを抱いたのです。

●質問で核心の泉を突く

一般的に、その人が成功しているところだけで付き合おうとすると、みんなと同じことを話すことになります。本当のところその人が大事なものは何か、エネルギーを注いでいるものは何か、と考える。その下の部分まで降りて質問する人は少ないわけです。

私はいろんなオリンピック選手と対談して『五輪の身体』（日本経済新聞社）という本を出していますが、お会いする前に過去に行われた選手たちへのインタビュー資料を調べたところ、ほとんどが同じ質問をしている。訊《き》かれる側も「また型通りのことを訊いているな」と、だんだんうんざりした答えになってしまう。

「その人がもっと究めようとしているものは何か」という観点で具体的なところを質問していくと、「よくぞ訊いてくれた」とばかりにのってくれる。**具体的かつ本質的なところを訊くというのは、質問力の基本**です。

普通は人の表面的な成功や失敗、つまり、勝ったとか負けたとか記録を出したといったところばかりを見てしまいますが、当人は水面下でやっていることも見てほしいと思っている。その欲求を質問力でツンツンと突っつくと、「意気の泉」みたいなものが噴き出してくる。ちょうど、岩盤に穴を開けたら、水が噴水のように出てくるようなものです。あちらも話すことが楽しいし、こちらも初めて聞ける本音に触れてわくわくする。すると、インタビューも意気投合したものとなります。

たまたまその人と意気投合したというのは当たり前のことです。偶然を待っていては、意気投合する人を自分から増やすことはできない。ポジティブに、**意気投合する機会を自ら獲得していく**。

よく、「あらためて一緒にお酒を飲みましょう」と言います。酒席での付き合いによってコミュニケーションを密にしようとする。酒の力を借りるのは、仮想の意気投合にすぎません。酔いに乗じて意気投合したつもりになっているだけです。

そんなことをしなくても、初対面のときから意気投合するための工夫をすればいいのです。相手と絡もうとする気持ちを身体で現す。握手をする、パンと手をハイタッチする。拍手をする……。**会話の最中に身体を入れていくと、場の空気を共有する意識がいっそう強まり、親近感が増していく。**お酒の力を借りずとも、それだけで意気投合しやすくなります。

●共感できるつながりを見つける

志を持って仕事をしていると、「意気の泉」は見つけやすいものです。そして上手な質問によって道が開かれていく。

たとえば、同郷人だったことがわかると、共有するものが多く、互いの共通項を探っていくと妙に盛り上がる。

その感じ、つながりがあるという感じを、同郷人でない相手にも何か持てればいいわけです。同郷意識に代わる共通のもの。同じあるものを好きだとか、同じ志を持っているとか、つながりが見えることで意気投合しやすくなります。

それに役立つのが偏愛マップです。

好きなものを一枚の紙に書き込んでいくだけです。好きな作家、好きな映画、好きな音楽、好きな食べ物、何でもいいのです。集めているものでも、得意にしていることでもいい。**偏愛マップは、その人の興味や嗜好《しこう》性を網羅したものです。普通に話をしているだけではわからないその人の関心の方向性が一目でわかる。**コミュニケーションを深めたかったら、偏愛マップを書きながら話してみることです。その人のさまざまな顔を垣間見ることができる。つまり接点が増えるため、親しくなれる可能性が増えるのです。

私は、「ガルシア＝マルケスが好き」という共通項で初対面の人と意気投合したことがありました。私がどこかにガルシア＝マルケスの『百年の孤独』が面白いと書いていた。それを読んで、自分もガルシア＝マルケスが好きだったので、その一点で私に共感を持ったという人がいて、会って瞬間的に意気投合しました。ノーベル賞作家なのでマニアということもありませんが、それでも百人いたら熱烈なファンはひとりいるかどうかでしょう。ガルシア＝マルケスについて熱く語りたいと思っている者同士が出会うきっかけは滅多にない。それが出会ったのですから、普段なかなか話せないようなことについて思い切り話せる。

本格的なことでなくても、ちょっと好きなことがあると、相手との距離は一気に縮まる。興味の枠をたくさん持っているほど、意気投合の機会も増えます。培っている興味範囲の広さ、豊かさが関係してくるのです。

たくさんのアンテナを張り巡らしておくこと。いま流行《はや》っているものに興味を持てば、どこでどうつながるかはわかりませんが、少なくとも話題のきっかけになる。

「意気に感ず」という言葉があります。張りのある心で気持ちが合うことですから、自分の心に張りがあると、張りのある人と意気投合しやすい。

相手に無理して合わせる必要はありません。気を遣って相手に合わせなくても、自分の器がある程度広ければ、自然にのっていけるものです。

注意しよう！　陥りがちな「四字熟語癖」

一知半解癖

●いっちはんかい

【意味】　理解が浅く、知識などがしっかり自分のものになっていないこと。生かじり。

完全に自分のものになっていない、生わかりの状態。いまや、世の中に**「一知半解癖」**は蔓延《まんえん》しています。種々のメディアからさまざまな情報が入り、事件が起きるとみんなが急にそのことに詳しそうな雰囲気になる。そして互いの「半解」な知識を寄せ集め、あれこれ言い合うことを楽しむ空気がある。

『枕草子《まくらのそうし》』に、「わづかに聞《き》きえたることをば、我もとよりしりたることのやうに、こと人にもかたりしらぶるもいとにくし」とあります。**ちょっと聞きかじったことを吹聴《ふいちょう》するのも不快な感じがする**、と清少納《せいしょうな》言《ごん》は言っているのです。

それでは、一知半解ではない状態、しっかり理解できて自家薬籠《じかやくろう》中の物になっているとはどういう状態か。

①その事柄についての要約ができる。
②細かいことはともかくとして、全体的な構図が説明できる。
③そのことについて質問されたときに、何を調べればいいのかがわかる。

この三つのことができる。さらに、資料を見ずにどこまで具体的なことが言えるかによって、どの程度深いところまで把握できているかがわかります。

私は学生のころ、岩波新書をたくさん読みまくった。この道一筋に研究してきた人が、専門性の極致を易しい言葉で啓蒙《けいもう》している宝の山でした。朝永振一郎《ともながしんいちろう》の『物理学とは何だろうか』、E・H・カーの『歴史とは何か』、霜山徳爾《しもやまとくじ》の『人間の限界』……どれも専門性が高く、深く掘り下げてあり、知識をものにするのに非常に効率がよかった。

断片的な情報をかき集めて統合するのは、意外に難しいことです。同じように時間をかけるなら、誰がどこから集めたかわからない情報をネットなどでサーフィンするよりは、優れた内容の本を一冊読むほうがはるかに知識の定着度が高い。

これからは、情報そのものが信用できるかどうかよりも、その情報を取りまとめている人間が信用できるかどうかが、ますます重要になってくるでしょう。

膨大な資料のなかから、どの人物のどの意見を取り上げるか、なぜその著者のものを選んだか、という選択眼を養うのも勉強です。その経験によって、知識を自分のものにする術《すべ》を得ていくのです。

不即不離力《ふそくふり》

本来の意味　くっつきもせず、離れもしないでいること。つかず離れず。

●相手との距離感を、絶妙な加減に保つ方法

関係性が深すぎもせず、離れすぎもしないこと。上手な距離感を保って対人関係をコントロールする。「**不即不離力**」はこれまた現代に重要な力です。

友だち関係でも、つねにメールでつながっていないといられないのは、「即《つ》かず離れず」ではなく、「離れず離れず」の関係。コミュニケーションが良好な証拠かといえば、そんなことはない。

奥田《おくだ》英朗《ひでお》さんの『イン・ザ・プール』（文藝春秋）のなかに、神経科の伊良部《いらぶ》先生のもとに通ってくるケータイ中毒の男子高校生が登場する（「フレンズ」）。彼はつねにケータイで仲間と連絡を取っている。仲間とつるんでいると楽しい。ひとりではない安心感がある。自分はなんと友だちが多いのだろうと嬉《うれ》しくなる。ちょっと連絡が取れなくなると、もう不安でたまらなくなる。伊良部先生も看護婦のマユミさんも「友だち、いないよ」と平然と言ってのけるのが彼には不思議で仕方がない。

このように、最近、「友だちいないと不安だ症候群」みたいな現象が広がっていますが、いつもべったりくっついているのは自然な友だち関係とは言えません。**無理して付き合っているのは友だちではなく、「無理だち」です**。「無理だち」は、この不即不離の距離感がうまくつかめないのです。

つねにグループ化して、一緒にいないと仲間はずれになる。あるいは、相手に期待過剰になって、気持ちが反転してしまう。非常に仲が良かったのが、何かのきっかけで急に罵倒《ばとう》し合うようになる。そんな「無理だち」よりも、適度な距離の友だちが何人かいて、長い付き合いができることのほうが大事です。即かず離れずの友だち付き合いとは、つまりは「ほどほど友だち力」なのです。

●疎遠にならず関係を築く知恵

社会人になると、不即不離で付き合う必要性はさらに広がります。仕事関係でも、上司、同僚、部下、あるいは取引先、協力先、私的関係では、友人、親戚《しんせき》、子どもの保護者会、地域の集まり……それぞれ、適度な距離感というものがある。

とくに力を持った人、権力のある存在に対して、そのパワーに呑《の》み込まれないようにするためには、不即不離力が必要です。カリスマ的な力のある人は、結構わがままなことも多いので、ともすると巻き込まれて振り回されてしまいます。ひどい場合は一蓮托生《いちれんたくしょう》になって、その人と運命を共にしなくてはならなくなる。「**ほどほど力**」は大人の人間関係であっても同じです。一気に呑み込まれないためには、即かず離れずの距離感で付き合う。

では、離れすぎずくっつきすぎない上手な関係を築くには、どうしたらいいか。つねに中間的な距離を保てばいいということではありません。踏み込むときにはぐっと近づき、それ以外はさっと引き下がる。ボクシングでいう「ヒット・アンド・アウェー」の感覚。打った後にすぐ後退して、相手からパンチをもらわないようにする戦術のことです。

人間関係で踏み込んでいくとは、出るべき会合には出るとか、普段無沙汰《ぶさた》をしている人に連絡を入れる、といったこと。**濃すぎる関係にならない範囲で、近づいたり離れたりの関係性を維持していく**。

私は二十代から三十代の前半、この不即不離が大変苦手でした。「くっつきすぎ、はなれすぎ」になってしまって、濃すぎる人間関係にはまったり、逆に世話になった人ともどんどん疎遠になってしまった。人間関係を円滑に進められなかった。ですから、いいバランス感覚で不即不離力を持った人は、うまい社会人だという感じがします。

年賀状や、お中元、お歳暮を贈る習慣も、ひとつの不即不離術です。そういうものでつながりながら、しかしべったりと媚《こ》びる関係にはならない。それが大人な距離感というものだと思います。

海千山千力

うみせんやません

本来の意味　長年多くの経験を積んで、ずるがしこく知恵がまわること。また、わる知恵に長けた人。海に千年山に千年。

●敵に回すと怖い存在

海千山千とは、海に千年、山に千年棲《す》みついた蛇が竜になるという言い伝えから来ている言葉。せちがらい世の中で経験を積み、裏も表も知り尽くすと、蛇でも竜に化けてみせることができる、という意味だったのでしょう。そこから、老獪《ろうかい》な人とか、したたかな人という、クリーンではないイメージがついた。

経験を積むと、たしかにそこからわかることがいろいろあります。経験を積むことで、擦《す》れてくる、澱《よど》んでくる面もあります。しかし、**裏も表も知り尽くすほどの経験**

知の重さというのは、捨てがたい力になる。敵に回したら手強《てごわ》いが、仲間に引き入れたら非常に心強い。

これを「**百戦錬磨**《ひゃくせんれんま》」(多くの戦闘できたえられること。また、多くの経験を積んで、うでをみがくこと)と言い換えると、みんな好イメージを持つでしょうが、それでは当たり前すぎて「ずらし」の面白さがない。ネガティブな印象の四字熟語をパワーにしていくところに四字熟語力の味があるわけですから、ここはあえて「**海千山千力**」としたいのです。

●プロを感じさせない技

海千山千のポイントは、力は持っているけれども、それを前面に出さないこと。海千山千感、つまり手馴《てな》れた感じを相手に与えてしまうようではよろしくない。

たとえば、一年間に相当数のコンサートをこなす歌手がいる。各地を回って、年に百回、二百回とやることもある。それを十年、二十年と続けていると、ヒット曲はもう何千回も歌っている。コンサートをこなす能力にしても、もはや海千山千です。しかし、それを見せない。「ちょろいもの」という感覚が出てしまったら、新鮮さに欠け、お客さんを本当に楽しませることはできない。何千回歌っている歌でも、いま初めて出会ったかのように新たな気持ちを込めて歌う。そうすることで観客の心に響く歌が生まれるのです。

経験知はありながらも上手に隠す、そうは見せないのが本当の海千山千力です。

海千山千力は、水商売の世界でも発揮されます。水商売の人は、普通の会社勤めの人よりも、はるかに多くの人のさまざまな生態を、日々目の当たりにしている。いい悪いは別に、その経験知は人と接するうえで確実に力になります。人を見る目が培われる。しかし、海千山千感を感じさせてしまうようでは、本当に水商売のうまい人だとは言えないと思うのです。まだまだ海千山千修業が足りない。

知り合いに、コミュニケーション能力に長《た》けた女性がいました。聞けば、キャバクラ勤めをしているという。そこでいつもと違う仕事モードの話し方をしてみせてもらいました。これが見事なもので、三年もやっているという雰囲気を微塵《みじん》も感じさせない。あたかも今日勤めはじめたばかりのように初々しい。キャバクラに来る男性は、もちろん下心もあるでしょうが、それを抜きにしても満足できるような、相手に心を開いた、ナチュラルで純粋な女の子といった対応をする。誕生日にはプレゼントを渡すなど、相手が気持ちいい関係を維持できていると感じる接し方を心がけるという。ただし、誰とも深い関係にはならない。水商売のプロです。

三年もやっていれば、接客数も何千人という単位になります。その膨大な経験知から、相手を見て、「この人はこういうところがコンプレックスになっている」とか、「こういう言い方をすると、気分がよくなる人だな」というのがパパッとわかる。キャリアを積んでいてもフレッシュさがある。気持ちいい関係だけど深入りしない。水商売だけど擦れていない。いくつもの**イメージと実像のミスマッチ感**が、彼女の海千山千力をいっそう磨き上げていました。この**対人関係能力**をもってすれば、どんな仕事についても成功すること間違いなしです。

いっきかせい

一気呵成力

本来の意味　途中で休まずに、一息でやりとげること。

●勢いよく、集中して事にあたる

一気は一息、「呵」は、息を吹きかける。一息で息をフッと吹きかけるようにできあがるという意味。「一気呵成に何十枚書き上げた」というように、一息で物事を成し遂げること。

呼吸をぐっと一息に込めるようにやる、言ってみれば集中力ですが、ただ「集中してやってしまおう」と言うよりも「一気呵成にやってしまおう」と言ったほうが、勢いが出る。言葉として具体的で、強い。**四字熟語力の魅力は、もともとの意味の深さ**

が、漢字の面白さ、音の響きのよさに現れている点にもあります。意味をただそのまま言うよりも、力強くイメージできる。一気呵成は呼吸と密接に関連しますから、私も大変好きな四字熟語です。

呼吸が短く浅いと、一息も長く続きませんから、集中が持続しない。すぐに気が散ってしまいます。呼吸を深くし、一息を長持ちさせられるほど、「**一気呵成力**」のパワーもアップします。

●先送りにせず、思いついたときにやり通す

私は、あるときから計画倒れ、企画倒れが非常に減りました。なぜかというと、**思いついたとき、その場で、もう後戻りできないところまで一気呵成にやってしまう**ようにしたからです。

新しい本の企画を思いついたら、そのときに具体的なことまで詰めてしまう。担当を決める、段取りを決める、いつまでにという期日を区切る、あるいは「タイトルはこれにしましょう」といったところまでもっていく。「では細かい話はまた今度……」にはしない。具体的なことが固まっていると、プロジェクトというのは途中で頓挫《とんざ》す

ることが少ないのです。次のときにはもう実質的な作業に入れるので、あらためて打ち合わせをする必要もない。

普通、一気呵成にやるというと、締切前に一気に書く、といった仕上げを指すことが多い。私も実際、力を溜《た》め込んでおいて二週間ぐらいで書いたりもしますが、アイディアを単なる思いつきに終わらせないためには、仕上げばかりでなく、最初の段階から一気呵成力を使うことが重要です。

アイディアが湧いたら、時と所を移さずに、できるところまでやってしまう。この勢いがあると、**エネルギー効率が大変いい**。思いついたときというのは気持ちが大変盛り上がっているわけですから、いいアイディアもいろいろ出やすい。時と所をあらためてしまうと、その間にどうしても冷めてしまう。思いついたときの高揚感にまで、なかなかもっていけない。具体的にどう進めるかまで固まっていると、そのときと同じテンションにすっと入っていきやすい。ウォームアップできている状態ですぐに始められる。集中状態にももっていきやすいというわけです。

仕事のできる人で閑《ひま》な人はいません。いいアイディアがあるとそれを放っておけない。できるだけ迅速に進めよう、実現させようとする。忙しいからなおのこと、もうあとがない、次の機会はないと思って、そのときやってしまおうとする。その場で集中力を高め、仕事が捗《はかど》る。その結果、やっぱり仕事ができる人だという評価を受ける。ますます仕事量が増えて忙しくなっていく……。そういうサイクルで物事が動いていきます。

準備期間の長い人ほど仕事が成就しないことがあります。準備と称してなかなか本気が出せない。いつまで経っても本腰を入れることができない。これでは仕事が最後まで成就する確率も低くなってしまいます。

企画倒れを減らし、ひとつの仕事にかけるエネルギー効率を上げるには、一気呵成力がものを言います。

注意しよう！ 陥りがちな「四字熟語癖」

●傲岸不遜癖
ごうがんふそん

【意味】 おごり高ぶって従わず、思いあがっているようす。

傲岸不遜と傍若無人《ぼうじゃくぶじん》。どちらも自己中心主義で、周囲への配慮に欠けています。傍若無人が他人の存在が目に入らずに自分勝手なことをするのに対し、傲岸不遜は目に入らないわけではなく、**自分を他者よりも上位に位置づけたい気持ちから、傲慢な態度に出る**。やたらと人を見下し威張りたがるのは、認められたいという子どもっぽい自意識がエスカレートした結果です。

「傲岸不遜癖」は、格にこだわります。たとえば、自分から先に挨拶《あいさつ》をしない。相手が来るのを待ち、挨拶がないと「けしからん」と怒る。序列、席次にも固執します。位置付けを気にするのは、アイデンティティがそこにしかないからです。

傲岸不遜には明るさがない。横柄に構えて、いつも不機嫌そうな顔でいることが威厳だと思っている。自己客観能力もない。**自分をコントロールできない人が感情を剥《む》き出しにする**。自分を笑い飛ばすことができない。愛すべきキャラクターになりようがないのです。

当然、嫌われる、疎まれる。デメリットも物ともせずに、ひとり気分の良さに浸るのは、よほど神経が太いか、鈍感だから。周囲は、避けられるものなら避けたい。しかし、傲岸不遜癖は社会的に成功して力を持った人に多いため、対応せざるをえない。

　傲岸不遜でも生きていけるのは、そんな成功を収めたごく一部の人の特権かと思っていましたが、最近は新種の傲岸不遜人間が現れた。それが「オレ様系傲岸不遜癖」です。実力もないのに、自意識ばかりが膨張して、根拠のない自信を拠《よ》り所にして他人を軽視する。

『他人を見下す若者たち』（速水敏彦《はやみずとしひこ》著、講談社現代新書）によれば、こういう若者たちは他者をバカだと見なすことで、相対的に優越感を味わい、自分自身の評価を高める発想をするという。

　この本の帯には、コミック誌で人気のあるマンガのひとコマが使われています。


「オレはやるぜ……」

「何を？」

「何かを」

　やる気もなければ、目的意識すらない。なのに、わけもなく自信過剰。オレ様系傲岸不遜癖には、中身が何もない。従来の傲岸不遜癖よりさらに手に負えない存在です。

閑話休題《かんわきゅうだい》力

本来の意味 無駄話はそれくらいにして。それはさておき。

●話を自在に操り、聞く人を飽きさせない力

本題に戻りましょう、という意味。閑話休題といって話を脇道に逸《そ》らす人がいます。字のイメージとしては、「これからちょっと無駄話しましょうか」と休む感じですが、「閑《ひま》な話はやめて、本題に入りましょう」の意味。ですから、「**閑話休題力**」とは、**話を本筋に戻す力**です。

私は『「頭がいい」とは、文脈力である。』（角川書店）のなかで、文脈力のポイントを四つ挙げました。

①事柄の意味をつかまえ、文脈を押さえられること
②相手の文脈や、場の文脈に乗れること
③自分の文脈をきちんと伝えられること
④文脈を逸れても、元に戻れること

文脈力のある人は、話が横道に逸れても、この話がどこから枝分かれして、どこに戻ればいいのかがわかっています。要するに、**閑話休題力があるということは文脈力がある**、ということです。

話が逸れていくうちに頭もとっ散らかって、何の話をしていたかわからなくなってしまう人がいます。文脈を見失う。戻ろうとするけれど戻れないという人はまだましです。一番まずいのは、文脈の迷路のなかで迷子になったことさえ気づかない人です。閑話休題力、元の話に戻る力があると、逆に、話題を散らすことが自在にできる。地理感覚と同じで、戻る自信があれば、自由に散策もできるのです。

話の上手な人は、閑話休題力を持っています。ひとつの話題を面白く散らしては、また戻ってくる。変化をつけて、膨らませてはまた戻る。**人を飽きさせないテクニック**です。

●「それはさておき」で、緩急自在

小説でも、全体の大きな文脈のなかで起承転結があり、細かな文脈の部分で小さな「転」が幾つも入ると、非常に膨らみのあるものになる。伏線が張りめぐらされている感じがする。

たとえば、近代の小説の祖といわれるセルバンテスの『ドン・キホーテ』は、途中、話が脇道に逸れて、主人公が出てこない部分も結構あります。まったく関係ない挿話が組み込まれ、それ自体がひとつの短編のような形になっている。そうやって脱線しては、またドン・キホーテの物語に戻る。脇道に逸れては戻る、逸れては戻る自在な感じが、この小説を膨らませているのです。

会話でも小説でも、ずっと一本調子で本題を突っ走っていってしまうと、息が詰まります。ときに脇に逸れ、一息抜いて閑話休題するとメリハリがつきます。**「それはさておき」は物事を円滑にする力**です。

傍目八目《おかめはちもく》力

本来の意味 傍から見ている人のほうが、実際にかかわっている人よりもなりゆきをよく見きわめられること。

●第三者の判断力

囲碁の対局をしている当人よりも、傍《はた》で見ている人のほうが八目先まで見越すことができる、というところから来ています。

勝負事に限らず、当事者というのは夢中になってしまうと、状況に呑《の》み込まれて判断力が鈍りやすい。利害関係のない第三者のほうが、事態を冷静に見通すことができる。つまり、誰かが何かをやっているときに、**外側から見て冷静にコメントできる力があると、「傍目八目力」**があるということになります。

経験豊富な年長者のほうが傍目八目力があるかというと、必ずしもそうではない。子どもの視点からの意見がすっと心に入ってくる、といった場合もあります。

夢中になっているときに人から何か言われると、「そんなこと、傍で見ているだけだったらなんとでも言えるよ」と、聞く耳を持てないケースがよくあります。「こっちはもっと真剣にいろいろ考えているんだ」「よく知りもしないのに……」と思ってしまうのは、頭のなかがすでに主観で満ちているのです。客観性が入り込む余地がない。これは傍目八目力というありがたい力なんだ、と考えて、違う角度からの意見に耳を傾ける。素直にアドバイスを受ける。**傍目八目力のある人は、自分の目を覚まさせてくれる存在**です。

さらに、傍目でないのに傍目八目力を持つことができたら、これは強い。当事者でありながら、自分のことを突き放して考えられる。何かにのめり込んでいる自分と、もう少し外側からそれを客観的に見る自分とを、分けて捉《とら》えることができると、状況に溺《おぼ》れなくなります。

情報分析は傍目八目的に客観的に行いつつ、当事者として、負けることなど考えないで勝負に出る。それを両立させられる人は、人生において本当の勝負師となりうるでしょう。

うよきょくせつ

紆余曲折力

本来の意味　いろいろな事情があってすんなりいかないこと。

●あえて労多き道を選ぶ

曲がりくねった道のこと。細く、先の見えなそうな道もくぐってやって来た。「ここに至るに当たっては、紆余曲折がありました」と言うと、込み入った事情があったのを乗り越えてきた、非常に苦労したことが伝わります。

紆余曲折を経たことに対して、人はそれを評価したくなります。さまざまな問題を辛抱強く乗り越えてきた力、粘り強さを感じるからです。**苦労を乗り越えるタフな力を持つ**こと、それが「**紆余曲折力**」です。

イトーヨーカドーグループの鈴木敏文《としふみ》CEOとお会いして、セブン‐イレブンがコンビニエンス・ストアとしてここまで成長するまでの苦労を伺ったことがあります。たとえば、セブン‐イレブンの店頭には温かいおでんが並んでいますが、このおでんひとつをとっても、現在のような形にたどり着くまでには問題が山積みだったそうです。店内に匂いが充満してしまう、煮詰まると出汁《だし》が濃くなってしまう、時間が経《た》つと味が落ちる、など、面倒なことがたくさんあった。それにもめげずに研究と改良を重ねることで、定着させることができた。

新しいことをしようとすると、込み入った事情を切り抜けなくてはいけないものです。障害の少ない道は楽ではありますが、それで得られるものは、誰もが驚くような新しいものには決してなりえない。**紆余曲折を嫌っていると、大きなことはやれません。**

自発的に、あえて紆余曲折の道を選んでいく。そういう気持ちを持つことで人は、可能性をどんどん広げていくことができます。

しりめつれつ

支離滅裂力

本来の意味　ばらばらで筋道が立たず、まとまりのないようす。

●意図的にとっ散らかって、脳を刺激する

こんなものが力になるのかというおかしさがありますが、支離滅裂も技としてできれば立派な力になります。

支離滅裂に見えることには、単純に滅茶苦茶になってしまっているのと、**筋道が見えないことで逆に脳ミソに刺激と快感を与えてくれるもの**とがあります。

お喋《しゃべ》りというのは、話題に方向性とか戻るべきところがなく、好き勝手にあちこちに散っていく。意図的に支離滅裂にしようと思ってやっているわけではなく、結果的になってしまうものですから、「支離滅裂癖」です。ストレスの発散にはなっても、お喋りそのものには前向きなパワーはない。それでも、話題が次々と変わって広がっていくのは楽しい。だから盛り上がるのです。話題がずっと同じところをグルグルしていては煮詰まってしまい、面白くありません。

支離滅裂の対義語は、**理路《りろ》整然《せいぜん》**（議論や意見の筋道が正しく整っているようす）です。理路整然としているのはいいことではありますが、同時にちょっとつまらなくもある。筋道の通った正しいことには、予想を裏切るような展開、はっとする面白さがない。**人間の脳のなかの炸裂《さくれつ》するエネルギーというのは、支離滅裂なところにある**のです。

その炸裂する何かを求めて、意識的に支離滅裂なことを言ったりやったりする、癖ではなく技としてやるのが「**支離滅裂力**」です。

脈絡のつながり具合が必ずしもわからない、ぽーんと飛んでいることによって、それを見たり聞いたりしている側の脳ミソが刺激され、活性化して面白いと感じる。「なぜ、ここでそれが出てくるわけ？」と突っ込みを入れたくなるような、そういう要素がいいバランスで支離滅裂になっているとなかなか楽しい。

●現実を超越したセンスが、独創性を生む

もっとも、これにはかなりのセンスが必要です。自分がどんなふうに脈絡を崩しているのか、どのくらい支離滅裂か、人はどう受けとめるか、そういった距離感を把握するセンスがないと、ただとりとめのないことになってしまう。

お笑いも、ネタが作り込まれすぎていると、オチがなんとなく読める。けれど、訳のわからない面白さがうまく織り込まれていると、思わず笑ってしまう。

こうしたナンセンスゆえの面白さを、最近は「不条理系」などとも言います。とくに若い人に、支離滅裂系、不条理系が受ける。シュールな感じ、現実を超越した感じが、脳に快感をもたらす。

支離滅裂力をもっとポジティブな表現にすると、「**奇想天外**《きそうてんがい》（思いもよらない風変わりなようす）**力**」になります。意味は一緒でも、奇想天外力だとあまり意外性がない。ネガティブな意味性の深い支離滅裂のほうが弾《はじ》けている。ですから、あえて支離滅裂力なのです。

『真夜中の弥次さん喜多さん』は、じつに支離滅裂力を持った作品です。そもそも下

敷きになっている『東海道中膝栗毛』というのは江戸時代の滑稽本《こっけいぼん》で、奇想天外なおかしみに満ちている。いろんな素材を狂言や小噺《こばなし》などから借用してきて巧みに組み立てた、いわゆる換骨奪胎《かんこつだったい》ものです。これがあまりに面白いので、以来、さまざまな模倣が繰り返されてきた。

その弥次喜多ものを、しりあがり寿《ことぶき》さんは、いまの時代感覚と夢が持つ特性を生かして描き出した。夢というものは、時空間を飛び越えてつながっているようでもあり、どうしてこんな展開になるのかわからないようなところもある。そんなふうに、話をポンポンと自在に飛ばせる。

それを映画にした宮藤官九郎《くどうかんくろう》さんが、また独特の感性でハチャメチャ感を取り入れ、さらに支離滅裂な作品にした。しかも、**虚構の世界と、リアルな現実とがきちんと脈絡をもってつながっている。**弥次喜多道中なのになぜか中村勘九郎《かんくろう》（現・勘三郎《かんざぶろう》）演じるアーサー王が登場して、中村七之助《しちのすけ》演じる喜多さんはあわや親子の縁を切ることに……。話が二重三重構造になっている。軽佻浮薄《けいちょうふはく》に見えて、非常に深みがある。

クリエイティブな仕事をしたい人には、支離滅裂力は必須条件となります。

有象無象力《うぞうむぞう》

本来の意味 どこにでもある、つまらないもの。また、どこにでもいるつまらない人。

● 質よりニーズ

「象」というのは形のことで、姿・形のあるものないものすべて、有形無形のすべてのこと。もとの意味は**森羅万象**《しんらばんしょう》（この世のすべての物事や現象）とほぼ同じですが、有象無象のほうは「くだらないもの」「取るに足りないつまらないものや人」「碌《ろく》でもない連中」などを言うようになって、どうもイメージがよくない。ここはずらしのテクニックで力として捉《とら》えてみましょう。

「**有象無象力**」は、どこにでもいるつまらない人々と言われてしまうような、**一般大**

衆の持つ力。さらに、**大衆に受けいれられるものを察知する力**と定義します。

ものを創るときによく、「本当に質の高いものなら売れる」とか「いいものはいつか評価される」と言います。私も以前は、内容が濃く、一文の意味含有率が高く、文字がぎっしりと詰まった論文を書いて、素晴らしいものができた、と思っていた。しかしどんなにいいものでも、残念なことに、難しい論文など、ほとんど世間の目に触れることがない。読んでもらえなければ意味がない。

では、ベストセラーの本が素晴らしいかと言うと、必ずしもそうではない。『百年の誤読』（岡野《おかの》宏文《ひろふみ》・豊崎《とよざき》由美《ゆみ》著　ぴあ）にも、一九六〇年あたりを契機に、くだらないものが一気に増えた、現代のベストセラーに良書なし、とありました。

かつて読む力がある人が多かった時代には、質の高いものが売れた。ところが、社会が成熟して本格的な大衆化社会になり、世間のニーズを敏感に察知して勝負を賭けたものでないと見向きもされなくなった。数の論理ですから当然です。マーケティングの感知力が、ベストセラーを生むように変わってきた。

本に限らず、大衆の求めているものを理解しないと、小売業は立ち行かない。いまは、**有象無象感知力を駆使して、売れるものを作る時代**なのです。

●ぼんやりとした意識に踏み込む

有象無象に受けるためなら、良質なものを作らなくてていいということではありません。世の中の傾向を感知し、ピンポイントで訴えることは人々の意識を鮮明にすることです。情報も過多、商品も似たようなものがたくさんあふれるなかで、どれがいいか見極める時間も、鑑識眼もない。他の商品との違い、特徴を明確に打ち出す必要がある。そこでプランナーやコピーライターは、**人々のぼんやりした意識に訴えかけようとして頭をひねるのです。**

より多くの人たちがどういうものを好むかということを、どれだけ敏感にすくい取れるか。

大衆に受けるためには、わかりやすさが第一です。レベルの高いもの、質の高いものを目指すと、どうしても難しくなりがちです。また、いいものを作っていたらいつか報われると思っていると、一歩踏み出して売ろうとする努力をしなくなる。

潜在的な欲求を汲《く》み取り、そこに訴えかけるには、広い視野と柔軟な精神が必要となります。有象無象を見つめることによって、見る側の心の在り様が変わるのです。

傍若無人癖

●ぼうじゃくぶじん

【意味】 周りに人がいないかのように、勝手にふるまうようす。

「傍らに人無きが若《ごと》し」に、他人を無視して、自分勝手で無遠慮な言動をすることです。

「若」はごとしの意味なので、若者を指しているわけではないのですが、傍若無人癖は若者に多い。

公共性が高い場所であっても、心のシャッターを下ろして周りの人の存在を締め出してしまう。**「傍若無人癖」**は、本来、周囲の人に心を配るべきところでも、自分のことしか頭にない。基本的に、悪気があってやっているわけではないのですが、他人に気を配る行為ができない。

傍若無人の反対は、「遠慮会釈《えんりょえしゃく》」。「会釈」とはもともと、相手を思いやる意味なのです。それができない。

本書では、さまざまな四字熟語力に必要不可欠な条件として「自己客観力を持て」と繰り返し述べていますが、傍若無人癖は、この自己客観視線を根本的に持てない人がはまります。あたり構わず自分ないし自分たちだけの世界に埋没してしまうのは、自分中心でしかものを見られないからであり、その視野がきわめて狭いことが原因です。

大抵の場合は、**社会に出て、大勢の人のなかで揉《も》まれることで学んでいく**ものです。

人から注意され怒られて社会性を身につけていくうちに、ある時期ぱっと視界が開けて、他人の存在を認めることができたり、人の話に耳を傾けることができたりするようになる。

　きちんと社会に出て「人と関わって働く」というプロセスを踏まないと、この癖は直らない。

　なかには、社会に出て年齢を重ねても傍若無人の癖が抜けない人もいます。「傍らに人無きが若し」どころか「傍らに人無し」になってしまう。

　成人でありながら社会常識の枠からはみ出してしまうこういう人は、傍若無人よりさらに迷惑度が高い「傲岸《ごうがん》不《ふ》遜《そん》」へと移行していきます。

毀誉褒貶力《きよほうへん》

本来の意味 褒めることと、貶すこと。

●こき下ろされてもものともしない、忍耐強さ

世間というものは、無責任に人を持ち上げたり、こき下ろしたりします。そのことで誰かが責任を取ってくれるわけではない。言われた当人が、すべて自分で引き受けなければならない。考えてみればひどい話です。

「**毀誉褒貶力**」がある人は、大いに褒め称《たた》えたいと思います。というのも、私はどうも人から貶《けな》されることに慣れていません。訳あって言われる場合はともかく、謂《いわ》れなく誹謗《ひぼう》されると、つい言い返したくなる。打たれ弱いタイプです。それだけに、毀誉褒貶の波に揉《も》まれてもものともしない人は偉いとしみじみ思う。

褒められたり貶されたり世の中の評判が乱高下するなかにあっても、ひるむことなく頑張って生きている人は、どこかからその功績を称えられるべきです。

「あなたの忍耐強いその精神力を毀誉褒貶力として、栄誉を称え、ここに表彰します」

と言ってあげたい。

これもひとつの力だと見なすことで、人生に希望が出ようというものです。

●褒めて持ち上げては貶して落とす、世間の好奇心

毀誉褒貶の背後には、他人へのいわく言いがたき好奇心と嫉妬《しっと》心があります。波瀾《はらん》万丈《ばんじょう》を見てみたい。しかし自分の身に降りかかるのは嫌だ。他人のことである限り、毀誉褒貶は面白い、しかもその振幅が大きいほど話題になる。そこで、持ち上げたかと思うと、ストーンと落とす。落としたところから這《は》い上がるさまを見るよりも、上げておいて谷に突き落とすほうが展開がドラマチックなので、それをやる。されるほうはたまりません。

有名人のスキャンダルが発覚しようものなら、こぞってその人を突き落としにかか

る。ある人は滅茶苦茶悪く言い、ある人は対照的に持ち上げることで、結果的に世間をあおる。または、時期的に毀誉褒貶がスイッチして、ものすごく褒めたあとに掌《てのひら》を返したように悪く言ってみたりすることもある。ターゲットにされる芸能人や政治家、スポーツ選手は大変です。

松田聖子《せいこ》さんは毀誉褒貶が激しいタレントさんですが、どんなに貶されてもへこたれないタフさを持っている。もちろん本人は気分を害したり、ショックを受けたりしているでしょうが、何か言われるたびに、それを呑《の》み込んで大きく、強くなっていく。とても芸能人らしい芸能人だという感じがします。

貶されて、めげて、再び立ち上がる元気が出ないようでは、その世界で生き残っていくことはできない。

ちょっと褒められたからといって天狗《てんぐ》になるでもなく、厳しく貶されてもひるまずにそれを堪《こら》えて、自分を保っていく。毀誉褒貶を乗り越えてその道で残っていく人には、精神的に秀でた部分があるのです。

中田《なかた》英寿《ひでとし》選手なども、じつに毀誉褒貶が激しい。「日本代表チームの宝だ、中田抜きでは考えられない」と言われたかと思えば、「もう中田は要らない。中田がチームワークを乱している元凶だ」というようにも言われる。彼はそういうマスコミの在り方が嫌いで余計に口をつぐんでしまったところがあるわけですが、だからなおのこと言われてしまう。

●一流だからこそ話題になる

毀誉褒貶から逃れられない人たちというのは、それだけ超一流だという証《あか》しなのです。一流のアスリートであっても、あまり話題にならない人もいますが、さらに一流になると、やってもやらなくても話題になる。

何をしても話題になりやすいのは、それだけの存在感があるからです。存在そのものがみんなの注目を集める。

政治家も、毀誉褒貶の激しさを引き受けなければならない人たちです。人からボロクソに言われても、決断を貫かなければならないこともある。政治的な判断には、異論反論が付き物です。

たとえば、田中角栄。彼のお陰で日本がよくなったと考える人もいれば、そうでない人もいる。良くも悪くも強烈な存在感を残した。では、鈴木善幸《ぜんこう》が何をしたか、みんなよく覚えていない。鈴木善幸でなくても、海部俊樹《かいふとしき》でも宇野宗佑《うのそうすけ》でもいいですが、首相在任中にどんな功績を残したのか、一向に浮かばない。褒められることも少ない代わりに、みんなの記憶にも薄い。一国の首相としては寂しいことです。

結局、毀誉褒貶力のある人は目立つのです。ここにその人あり、というインパクトがある。著名人ばかりでなく、市井の人であっても同じです。私は惜しみなく賛辞を贈ります。

絶体絶命《ぜったいぜつめい》力

本来の意味　追いつめられてとてものがれる道がないこと。

●まだ打開できる状態、それが絶体絶命

四面楚歌力（↓41ページ）、孤立無援力（↓43ページ）と同じように、追いつめられて過酷な状況を迎えたときに発揮されるのが「**絶体絶命力**」。

のっぴきならない状況に追い込まれたことを言いますが、この絶体絶命という言葉、じつは本当にもうダメだ、どうしようもない、というときには使っていないことに気づきます。きわどいところでぎりぎり助かったときに使う。絶体絶命のピンチに遭遇し、やはり打開しようがなかった、とは言わない。

すなわち、絶体絶命という言葉の裏には、**そうはならない展開を強く望む気持ちが込められている。**どんなピンチに陥っても諦めない。むしろ、窮地に立たされたときにこそ、底力を見せる。土壇場で踏ん張りを見せる。**決して諦めない強い気持ちを持ちつづける**ことが、パワーとなるのです。

そういう意味では、**起死回生**《きしかいせい》（死にかかっている病人を生きかえらせること。また、今にもだめになりかかっているものを立てなおすこと）に近いものがあります。起死回生はそのまま力となりますが、自助努力で息を吹き返すというよりは、他者の力によって成し遂げられるといった意味合いが強い。それに比べ、絶体絶命には、自分自身の諦めない強い気持ちで道を拓《ひら》くニュアンスがあります。

いっしんいったい
一進一退力

本来の意味 進んだり、後戻りしたりすること。

●後退ではなく、力を貯《たくわ》える時間

一般に「事がスムーズに進まない」意味で使われます。よく「遅々として進まない」と言いますが、見方を変えれば「遅々として進んでいる」という言い方もできる。「進んでは戻り、進んでは戻る」という状況を停滞と否定的に捉《とら》えるのではなく、**確実に進んでいるのだと肯定的に捉える力**、それが「**一進一退力**」です。

一進一退は、尺取り虫のようなものです。尺取り虫は、体を大きく伸ばして進む。そして一回体をギュッと縮めて、また伸ばす。一進一退の「退」は、後戻りしているのではなく、体を縮こまらせている状態。その縮みがあることで、その後にグイッと大きな一歩を踏み出すことができる。

私もかつて、ひとつの論文を仕上げるのに大変時間がかかり、苛立《いらだ》ちばかりが募った時代がありました。原稿用紙に向かっても、一日に十枚と進まない。さぼっているわけでなく、一生懸命やっているにもかかわらず、そのペースなのです。「小学生の作文じゃないんだから、もっとすらすら進まないものか」と自分でも歯がゆく、いらいらする。

では、そういうときは本当に仕事が捗《はかど》っていなかったのか、停滞していたのかと考えると、そうではない。けっこう順調なペースで仕事をしていたことが、いま振り返るとわかる。「**遅々として進んでいる**」状態だったのです。

論文をまとめるには、ただ文章を書くことが求められるわけではありません。さまざまな資料に当たって調べ物をし、論考を重ね、文章として表現するところまでたどり着くまでに、いわば縮こまっているようなたくさんの作業と時間を費やす。それによって、ようやく文章にすることができる。進捗《しんちょく》状況をまどろっこしく感じていたものの、実際にはこつこつとよく仕事をしていた時代だった。

そう考えると、尺取り虫の縮こまっている状態、一進一退の「退」の状況というのが、きわめて意味のある重要な時間であったことがわかります。

一進一退というとプラスマイナスゼロだから、「なんだ、ちっとも進んでいないないじゃないか」という印象になりますが、「三歩進んで二歩下がる」ような進み具合であれば、「三進二退」です。確実に一歩は前進している。「一歩進んで二歩下がる」だとマイナス成長のようですが、なぜ二歩下がる必要があるかを突きつめてみればいい。それは方向性や考え方に誤りがないかと省みるために必要な過程なのです。**「退」の部分でやっていることにもプラスの意味がある。少しも後退していない。**自分の苦労の後に、救いを見出《みいだ》すことができるでしょう。

その時点では、客観的な感覚を失っていますから、なかなかわからない。一進一退どころか、きちんと前に進んでいるのか、いや前を向いているかどうかすら、怪しく感じられる。そういう時代を、「一進一退力」と名付けることで、前向きに解釈し直すことができる。なかなか陽の目を見ない現況にも希望が湧きます。

巧遅拙速力

こうちせっそく

本来の意味　じょうずではあるが、できあがりが遅いより、出来ばえはへたでも、できあがりが速いほうがいいこと。

●速ければ、失敗しても取り返しがきく

日本人は、きっちりした仕事を重んじる傾向があります。そのため、早くて出来の悪いものを作るよりは、多少時間がかかってもいいものを作るほうが大事だと考えがちです。

たしかに精緻《せいち》な職人仕事や、芸術的な作品を生みだすためにはとことん時間をかける必要もあるでしょうが、普通に生活している分には、何につけても遅いよりは速いほうがいい。誰が見ても使い物にならない出来では困りますが、ある一定レベルに達していれば、当然速いほうがいい。仕事でも勉強でも、断然「**巧遅拙速力**」があったほうがいい。基本を踏まえたレベルであれば、そこから先は**とにかく量をこなすこと、大量にやること**が重要だからです。

ミスがあっても、詰めが甘い部分があっても、速くできればやり直しがきく。一週間の時間があるのであれば、三日で仕上げて出せば「おお、速いな」とまずプラスの評価をされる。出来のよくない箇所の指摘を受けてその部分を直すにしても、まだ時間の猶予がある。その間、上司や取引先とコミュニケーションをとることができるわけですから、その仕事への取り組み方にブレが少なくなります。

ところが、ひとりで没頭してやっていると、「いいものを作ってやる！」と意気込むほどに、独りよがりの世界にはまり込んでしまいがちです。自家中毒のようなものです。ちょっと間違えると直すのに手間取って次に進めない、気になるところがあるとその箇所で立ち止まってしまうのは、仕事の遅い人が陥りやすい典型的パターンです。

仮に自分が納得するまで時間をかけて仕上げたからといって、上司や取引先が求めているものが完璧《かんぺき》にできあがる保証などどこにもない。また、たとえ完璧であったとしても、そこにさらなるものを要求されるのが仕事です。

どんなにいいものができても、時間がかかったのでは、それから修正を加えることができない。しかも、手直しをするにもまた時間がかかるというのでは、仕事の進捗《しんちょく》状況も予測が立ちません。

要するに、**スピードが遅いと、量がこなせない、経験量が増えない、さらには先の見通しが立ちにくい**のです。

●質より量、腕はあとからついてくる

ある本を、つぶさに読み込むとします。初めからじっくりと丹念に一回読むのと、それと同じだけの時間で、まず一度最後までさっと読み飛ばし、全体の内容を概《おおむ》ね頭に入れたうえでもう一度読み返すのと、どちらが読解力に勝るかといえば、圧倒的に後者です。どんなに丁寧に読み込んだとしても、全体像が見えずに突き進むのは**暗中《あんちゅう》模索《もさく》**（手がかりのない問題を解決しようとして、あれこれ試みること）、雲をつかむようなものです。全体の見取り図を広げながら細部をたどっていくほうが間違いなく効率的です。それが速い時間でできれば、なおいい。

よく、「自分は時間はかかるけれど、きっちりやるタイプだ」と言う人がいますが、

それは**速くたくさんやろうという努力を怠っているだけ**です。人間は、量すなわち経験を数多く積んでいるうちに、速く処理する技術が身についてきます。最初は拙《つたな》くても、やっているうちに次第に巧《うま》くなります。しかし、速くやろうと心がけない人は、いつまで経ってもスピードが上がりません。

失敗や恥をかくことを恐れる気持ちは、遅れにつながります。最初から大傑作を仕上げるつもりでやるのではなく、やりながら学び、鍛えられて成長していくのだと考えればいいのです。まずは速くこなす術、量をこなすためのテクニックを会得していくよう、自分を変えていくことです。

注意しよう！　陥りがちな「四字熟語癖」

●がんめいころう

頑迷固陋癖

【意味】ものの考えかたが古くてせまく、頑固なこと。

「頑固」はいい意味でも悪い意味でも使います。「あの頑固親父が……」と言うと、他人の言うことに耳を貸さない意地っ張りなイメージが浮かぶ。一方、「頑固一徹の職人」と言ったときには、むしろ強い信念を表していい意味合いがある。「頑固」には、よくも悪くも正しいと信じてやっている頑《かたく》なさがあります。時代が変わろうと状況が変わろうとずっと不変の姿勢を守り抜くぞ、という意志が感じられる。

ですが、**「頑迷固陋癖」**は、**見識の狭さや凝り固まった考えに固執することで、正しい判断ができない**ことで、状況の変化を受け入れられない、現実とのギャップに対応できないことです。

一般に、歳を取ると頑迷固陋癖になりやすい。誰にでも襲ってくる「心の成人病」のようなものです。これを予防するには、つねにギアを入れっぱなしにはせず、ニュートラルに戻す習慣をつけること。頭のなかを、どちらにも偏っていない状態に一旦戻す。お茶を飲んで一息入れたり、肩甲骨を回してリラックスしたり、ブレイクしてみる。「落ち着いて考えてみればそういう考えもあるかな」とか、「まあ、こっちの道でもいいかな」と考えてみる。

つねにギアが入ったままだと、頭は切り替わらない。身体が硬いと頭も固くなる。考え方を狭めないためには、まず身体から。身体をゆるめると、自然に気持ちも変わってきて、狭い了見にこだわっていたことがばかばかしく思えます。

もっとも、頑迷固陋なのは成人病世代ばかりではありません。意外に排他的で頑迷固陋なのが、中学生、高校生くらいの年ごろです。これが好きと思うと、もうひたすらそれだけに没頭する。好きな食べ物ばかり食べつづけ、音楽も気に入ったミュージシャンしか聴かない。

その**硬直した頭に、柔軟な感受性を身につけさせるのが教育なのです。**若年層の頑迷固陋が目立たないのは、若さ、未熟さゆえに見逃されている部分もありますが、日常、教育を受けているからでもあります。

時間割にしたがって、いろいろな科目を勉強するには、否応《いやおう》なしに頭を切り替えなければなりません。勉強の目的は、発想の切り替えを覚え、柔軟さを養うところにもあります。

臍下丹田《せいかたんでん》力

本来の意味 人体の臍のすぐ下のところ。

●気分・気持ちは肚でコントロールする！

古来、中国では不老不死の薬といわれる「丹薬《たんやく》」を追い求めました。秦《しん》の始皇帝《しこうてい》、漢《かん》の武帝《ぶてい》なども手を尽くして我が物にしようとします。そこから煉丹《れんたん》術なるものが生まれますが、やがて道教を中心に、薬を外から摂取するのではなく、精神修養によって気を体内に取り入れることで、体内で丹薬を作り出そうとする流れが起こります。

その丹薬を煉《ね》る際に**エネルギーの中心となる場所と考えられたのが「丹田」**でした。

人間の身体には、丹田が三カ所あります。ひとつは額の間、ひとつは胸、もうひとつはお臍《へそ》の下。それぞれを、上丹田・中丹田・下丹田と称します。

なかでも下丹田、お臍の下の丹田に中心を置く感覚は日本の文化に非常にマッチした。生活のここかしこに臍下丹田を意識するような習慣や動きがあった。**かつての日本は「腰肚《こしはら》文化」の国だった**と私が言うのは、そうした肚を中心とする感覚が人々に深く根付いていたからです。

戦前まで、いえ戦後も昭和三十年代ぐらいまでは「臍下丹田」を知らない人はいなかった。普通に用いていた言葉でした。ところが戦後日本において、臍下丹田に意識を置いた身体技法が急速に廃れてしまった。それと同時に、臍下丹田という言葉も使われなくなってしまったのです。

●キレない、パニックにならない身体作り

「**臍下丹田力**」は、私が復権させたいと切望している力です。キレやすい、やたらと不安になる、すぐにパニックになる、ひとつのことを持続できない、といった現代人に著しい症状は、すべてこの臍下丹田力の衰えが原因だからです。

臍下丹田は、お臍の下、指三本分下のあたりです。ここを身体の中心と捉《とら》え、意識

をそこに持っていく。仰向《あおむ》けに寝て下腹部にそっと手を置き、その手が上下するように呼吸をしてみると意識しやすいでしょう。このとき、息を胸で吸ったり吐いたりするのでなく、お腹で呼吸をする意識を持つ。

臍下丹田は「気海《きかい》丹田」とも呼びますが、気が大海のように集まってくる場所であり、またここから広がっていく場所でもあります。**臍下丹田にエネルギーが集中すると、身体の他の部分は非常にリラックス**できます。そのため、過度の緊張から解き放つことができる。焦ったり、不安になったりする気持ちを落ち着けることができる。いろいろなものを呑《の》み込んで心身の安らぎを得ることができる。

「肚が大きい」とか「肚が据わっている」「肚ができている」というのは、この臍下丹田に意識を落ち着けることができる人のことを言います。

臍下丹田力があると、不測の事態にも動揺せずに冷静に行動できます。逆に言えば、追い込まれた状態のときには、臍下丹田に意識を持っていって深呼吸をすると、頭がスーッと冴《さ》えて視界が開けます。切羽詰まった気持ちから、身を引きはがすことができるのです。身体の仕組みをうまく活用することで、心の切り替えが図れる。臍下丹田はそのかなめです。

剛毅木訥《ごうきぼくとつ》力

本来の意味 毅然として意志が強く、口数が少ないこと。

●飾り気がなくて芯がしっかりした、行動派

「剛毅」とは意志が強くて物事に挫《くじ》けないさまを言い、「木訥」とは質朴で無口、無骨で飾り気がないことを言います。あまり馴染《なじ》みのない四字熟語かもしれませんが、剛毅木訥の対義語が「**巧言令色**《こうげんれいしょく》（ことば巧みに言い繕い、相手にこびへつらうこと）」であるといえば、イメージしやすいでしょう。

『論語』のなかに、「剛毅木訥、仁に近し」という言葉があります。「仁」とは孔子が最も大事にした徳で、自己を抑制し、他者への慈しみや思いやりの心を持つことです。

孔子は剛毅木訥な気質は仁に近いと褒め称《たた》えています。一方、『論語』の別の章には「巧言令色、鮮《すくな》し仁」という言葉があり、こちらは巧言令色なのは仁に欠けると言っている。ふたつの熟語は、まさに対極的なさまを言い表しているのです。

孔子の訓《おし》えにあるように、**本物の人間というのは、意志がしっかりしていて、人の言うことに簡単に左右されず、かつ余計なことは言わずに自分の信念を行動や結果で示す**。これがすなわち「**剛毅木訥力**」。

これに対して、口先が巧《うま》くて媚《こ》びへつらうとか、自分をよく見せようと言葉で言い繕う人は似非《えせ》者。巧言令色は悪癖です。

●実力勝負の世界は、結果がすべて

剛毅木訥な人のイメージで思い浮かぶのは、第三十五代横綱の双葉山《ふたばやま》です。六十九連勝していた双葉山は、安芸《あき》ノ海《うみ》に負けて連勝記録がストップしたときに「**われ未《いま》だ木鶏《もっけい》たりえず**」という言葉を遺しました。「木鶏」とは、「素晴らしく強い闘鶏の鶏の姿は、木で造られた鶏のように動じることがない」という故事に基づく荘子《そうし》の言葉です。六十九連勝もして史上最強の横綱だの、相撲界に不滅の記録を打ち立てたのと騒がれるなかで敗れた双葉山は、弁明もせず、ただ自分は木鶏になることはできなかったとだけ語った。このとき双葉山は体調が非常に悪く、無理を押しての出場だった。にもかかわらず、そういったことを敗因の言い訳にせず、ただ結果のみを真摯《しんし》に受けとめた。**その潔さ、芯《しん》の強さに、実力勝負の世界で戦う男の剛毅木訥力を感じます。**

最近でいえば、メジャーリーグで活躍を続ける野茂英雄《のもひでお》選手。メディアが喜ぶようなことも言わないし、結果を見てくれればいいと、淡々とマイペースを保っている。投げている姿で感動させるタイプの選手です。

昔の職人さんには、剛毅木訥型の人が多かった。職人文化のなかには、「ペラペラ喋《しゃべ》らないで、やることをやれ」という気風があった。仕事を覚えるのも大将や先輩がやっているのを黙って見て覚える、盗んで覚えるという世界でしたから、口よりは手、喋るよりは仕事の出来が基本。「**寡黙で、仕事はきっちり**」というのが典型でした。

●かつては理想の男性像だった

考えてみると、剛毅木訥な人は、昭和の中ごろ以降、急激に減っています。職人に限らず、従来、日本人が思い描く理想の男性像、理想の父親像とは、「剛毅木訥なお父さん」のイメージだった。戦前の日本映画を観ると、飾り気がなくて寡黙で、頑固なタイプの男性がたくさん登場します。今日、私たちが高倉健さんに抱くようなイメージが男性としての理想の姿だったのです。

男性の人柄を褒めるときに、「あの人は剛毅木訥だから」というのは、昔はごくノーマルなことだった。ところがいまでは、不器用で世渡りの上手でない人というような、ネガティブなイメージに掏《す》り替わってしまっている。

同じように、「**豪放磊落**《ごうほうらいらく》（こせこせしたところがなくて、からっと明るく、ものすごく度量が広いこと）」な人もめっきりいなくなりました。

剛毅木訥も豪放磊落も、**人間としてスケールの大きさを感じさせる賛辞**でしたが、現代はそれに相応するモデルもいないために、言葉も死に絶えようとしている。

剛毅木訥という四字熟語を、機会を見つけてどんどん使うことで言葉として復権させましょう。

眼光紙背《がんこうしはい》力

本来の意味 眼の光が紙の裏に書いてある字までとおり読む。書いてあることの深い意味を鋭く読みとる。

●洞察力で鋭く見通す

眼の光から転じて、見る力、観察力などが鋭いことです。人を見抜く、あるいは状況を見抜く眼力がある。その力が大変鋭くて、紙の裏側まで貫くような勢い。「眼光紙背に徹す」という慣用句で用いることが多い。

書物や文章の意味はもちろんのこと、行間を読む、または裏に秘められた意図を読む、という意味もあります。さらに、その力を一般的な物事にも応用して背景を透かして読み取る。「**眼光紙背力**」は文脈力です。

物事は、よろず表裏一体です。表に出ている部分は目につきやすいものですが、全体からすれば、ある一面を伝えているにすぎない。氷山の一角です。その隠れた部分、**暗黙知的な部分と表に出ている部分とを併せ見ることができて、初めて物事の本質が浮き上がってくる**。

眼光紙背というと眼つきが鋭くて怖いイメージですが、実際には洞察力を働かせて文脈を読み解くことができるということです。

ちょうれいぼかい

朝令暮改力

本来の意味 命令や法令がしばしば変わってあてにならないこと。

●過ちに気づいたら直ちに撤回する

朝に出した命令を夕方には改める、一貫性がないという意味で使う熟語で、「朝改暮変」や「朝改暮令」も同じです。

方針がころころと変わるのは困ります。気まぐれで意味なく変えるのは問題です。

しかし、朝に出した命令であっても、過ちに気づいて前言撤回をする、つまり善処であれば、その姿勢は好ましい。**この方針ではダメだとわかったら、いつまでもずるずる続けるのではなく、できるだけ早く変えたほうがいい。**

「**朝令暮改力**」を技としている四字熟語があります。「朝過夕改《ちょうかせきかい》」、つまり朝に犯した過ちをその日の夕方までに改めるように、迅速に対応することを言います。

「**朝過夕改力**」に求められるのは、スピードです。マネジメントに詳しい思想家ドラッカーも、物事にはとにかくスピードが大事だと言っています。**失敗に気がついたら、その過ちを引きずるのではなく、できるだけ早くやり直すこと**です。やってみなければわからないことも多々あります。ダメだったらやり方をどんどん改める、柔軟に変えていく感覚が朝過夕改力です。

間違っていたとわかっていながら、なかなか非を認められないことがあります。言ったからには、実際に始めてしまったからには、それを正しいこととして認め続けなければならない、という思惑が働く。引きずれば引きずるほど、事態は悪化の一途をたどる。経営者がそんなことをしていたら、会社は潰《つぶ》れてしまいます。

企業に比べると、政策や省庁主導型のプロジェクトというのはどうしても切り替えが遅い。ゆとり教育の見直しの手を打とうにも、システムを変革していくまでに、時間がかかる。構想を練り上げて、それが反映された教科書が審査を通過して出版されるまでには、四年、五年とかかってしまう。もっと早くどうにかならないものか、朝過夕改力が問われるところです。

三日坊主《みっかぼうず》力

本来の意味 何かをやりはじめても、あきやすく長続きしない人をからかって言う言葉。

●ポジティブ・シンキングの勧め

日本の古くからの格言、諺《ことわざ》などに基づく四字熟語。「手前味噌《みそ》」「手練手管」といった四字熟語もそうですが、中国からの外来語ではなく大和《やまと》言葉です。「三日」はごく短い期間のこと。僧侶《そうりょ》の修行は厳しく、生半可な心積もりで志しても続かない、三日も経たないうちに音をあげる、というところからきています。

普通に考えれば、三日坊主は「癖」となるところでしょうが、三日坊主でも、始めるだけいいではないかというのが「**三日坊主力**」の発想です。

「あれをやってみたい、でもまた三日坊主に終わってしまうかなあ」などと考えて、結局何も始めないよりは、たとえわずかしか**続かなかったとしても試してみる意味はある**。やる前から続かないことを危惧《きぐ》したり悲観したりするよりは、続かないものもあるけれど、続くものもなかにはあるさ、くらいに思って、ぽんと飛び込んでしまうほうがはるかによい。三日坊主を繰り返すなかで自分に合ったものを見出していくのも、人生の味わいのひとつです。

私も、正直なところ、ほとんどの習い事が長続きしません。しかし、次々といろいろなことにチャレンジしてみたくてたまらない。「な〜んだ、こういうものか」とわかるだけでも試してみた価値はあったと思う。やってみることで初めて自分に合っているか、合っていないかが実感としてわかる。意外な自己発見をすることもあります。実体験に勝るリアリティはないのです。

●全力で、向き不向きを見極める

かの岡本太郎さんも、三日坊主を推奨しています。『自分の中に毒を持て』(青春出版社)という本のなかで、三日坊主でかまわないから、**その瞬間にすべてを賭《か》けろ**、と説いている。

「思い立ったが吉日」と言います。三日坊主力のポイントは、やろうと思ったら逡巡《しゅん じゅん》する暇を自分に与えないこと。合わなかったらどうしよう、などとは考えない。合わなかったらさっさと止めればいい。はなから続かぬものと思って始めればいいのです。

お試し期間に、持てる力をすべて注ぐ。続かなくても仕方がないと考えるのと、本気にならないこととは別です。中途半端な気持ちでやるのではなくて、全力を賭ける。そうしなくては、本当に自分に合っているかどうかを確かめることはできません。

また、向いていないならば、さっさと止める。合わないものを無理して続けるのは愚の骨頂。**不向きだと感じたら、早い段階できっぱりと見切りをつけることも必要**です。

三日坊主力は恋愛にも有効です。合わない相手と我慢したり遠慮したりして交際を続けるくらいなら、踏ん切りよく別れて、新しい出逢《であ》いを探したほうがいい。

三日坊主力で、愉《たの》しい人生経験を積んでください。

唯唯諾諾《いいだくだく》力

本来の意味 自分の考えを持たず、なんでも人の言うことに「はいはい」と従ってしまうようす。

●逆らう人がいない状態は危険

「唯」も「諾」も「はい」という応答の語で、もとは、主君が何も命じていないうちから「はい、はい」と言い、つねに主君の様子や顔色を窺《うかが》ってその意向を先回りして意に沿うようにした側近のことを言ったものです。そこから人の意見に従う人を指すようになった。「**付和雷同《ふわらいどう》**」とも言えます。

唯唯諾諾が癖である人には、天然型と意識型があります。

たとえば、誰の言うことにも唯唯諾諾になりやすい人。自分というものがなく、ふわふわと漂うように気持ちが揺れ動く。感化されやすい。そういう意味ではこの天然型は純粋ですが、なにしろ主体性という軸がないので、信頼はできない。その人に**心酔しているときは従順で服従度は高いけれど、他の人の意見にも簡単に影響されてしまう**ので、役に立つ仲間や部下にはなりえない。存在感も稀薄《きはく》です。こういう人は、まず就職試験を突破することが難しい。グループ面接で落ちていく。肚《はら》から自分を鍛え直し、自己を確立する訓練を積む必要があります。

一方、目の前の人にいい顔をして唯唯諾諾になるタイプがいます。いわゆるお調子もの。人にへつらうタイプ。**八方美人《はっぽうびじん》**（だれからもよく思われるように要領よくつきあう人をやや非難していう言葉）度が高い。こういう人は、保身の気持ちから意識的に唯唯諾諾をやっているのです。このタイプはなかなか肚が見えません。味方かと思っていると、じつはそうでないこともある。

唯唯諾諾のように見えて、腹のなかで違うことを考えているのは「**面従腹背《めんじゅうふくはい》**（おもむきは服従するように見せかけて、内心ではそむくこと）癖」です。面従腹背癖は、唯唯諾諾癖を隠れ蓑《みの》にしてひそんでいます。この手の人の肚を見抜くのは難しいですが、状況が悪くなったときにどう出るかを見るとよくわかります。

人の上に立つ立場になったら、周囲に唯唯諾諾癖の人ばかり集めていないか気をつけましょう。権力を持つほどに人は、聞く耳を持たなくなります。逆らう人がいない状態は楽です。**唯唯諾諾癖の人は、苦言を呈することもないですが、違う角度から意見を言ってくれることもなければ、アイディアも出しません。**

●自我を捨て、受けいれてみる

ところで、唯唯諾諾癖には、もうひとつのタイプがあります。ひとりの人への服従度が大変強いケースです。主君と仰ぐ人の言うことは事の是非に限らずすべて従う。昔の主従関係においてはよくありました。織田信長に仕えた森蘭丸《もりらんまる》などもそうです。本能寺《ほんのうじ》で信長が明智光秀《あけちみつひで》に襲われると、寺に火をかけ、共に自刃する。ひとりの主君を信じてとことんついていく姿勢には、気骨があります。服従度が高く、人間として信頼できる。これで主が正しくないことを言ったときにきちんと反対意見を言えさえすれば、文句なしに優秀な部下になれるところです。

あちらにもこちらにも唯唯諾諾になるのではなく、**特定の人の言うことだけをきく**のであれば、それは「**唯唯諾諾力**」になりうる。

社会のなかで周囲と軋轢《あつれき》を起こさずに身を処するためには、意に沿わなくても唯唯諾諾をやらねばならない面もある。ならば、誰に対してもつねに唯唯諾諾になるのではなく、**時と相手を特定してやることで、唯唯諾諾を技にする。**

たとえば夫婦間の衝突の場合。互いに我を押し通して論を展開し言い合いになると、事態はますます悪化します。やりこめても、根本的な問題が解消できるわけではない。こういうときは、逆らわずに、唯唯諾諾と従ってみる。

唯唯諾諾力を発揮して、**とりあえず相手の言うことをきいて折れる。相手を論破しよう、はねつけようとするのではなく、受けいれる。自我を捨て去る**イメージです。折り合いが悪い上司に対しても、突っかかっていくばかりでなく、場面や状況によって唯唯諾諾力で応じてみる。

人に従って生きるのは、普通はストレスが溜《た》まることです。しかし、激しく言い合うことも、ストレスです。うまく唯唯諾諾力を使えば、むしろさわやかな気分になれる。生きやすくなります。

優柔不断《ゆうじゅうふだん》力

本来の意味 意志が弱く、ぐずぐずして決断が鈍いこと。

●「決めない」ことを作戦にする

日本人は優柔不断と言われます。こんなにはっきりものを言わず、優柔不断な人付き合いをしながら、なぜ生産性を発揮してこられたのか。やはり、知らず知らずに力としてきたのだと思います。

穏やかに事を進めるために、私たちはよく「決められない」ことを利用します。たとえば、頼まれ事をはっきり断れないとき。人間関係に亀裂《きれつ》が入るのではないか、次から依頼が来ないのではないかと、思いが錯綜《さくそう》する。こういうときは、「検討させていただきます」とひとまず判断を保留する。頼んだほうも、その場でにべもなく断られるよりも、考えた末の断りであれば仕方がないかとそれなりに納得がいく。引き受けてもらえれば、一転、喜びに変わる。どっちに転んでも、悪いようにはならない。よくある応対法です。つまり、作戦としての優柔不断。

「優柔不断力」が技として有効なのは、即答を避けたいときです。「決められない」のではなく、熟考する時間をかけることで、あえて「決めない」。

たとえば、契約事項。セールスに押されてその場で契約書に印鑑を押してしまうと大変なことになるので、**即断即決**《そくだんそっけつ》（すばやく判断して決まりをつけること）しないで、とりあえず持ち帰る。

しかし、決断に時間をかけても大勢に影響のないときはともかく、ビジネスのうえではやはり即断即決、**剛毅果断**《ごうきかだん》（強い意志をもって、思いきってものごとを行うようす）が望まれます。

●優先順位をはっきりさせる

優柔不断癖の原因の第一に考えられるのは、選択肢がすべて同じような重要度に見えて、どれを優先させるべきかわからない状況になっていること。**選べないのは、選択肢を均等に並べてしまっているから**です。

まず、**判断基準にメリハリをつける。判断する際に、何を大事にするかを先にはっきりさせると、考えやすくなります**。

不動産を探しているけれど、なかなか決められないという場合、条件として譲れないのは何かをはっきりさせる。間取りなのか、日当たりなのか、周辺環境なのか、金額なのか。大事にしたい順に順番をつける。

その順序づけが難しくてできないという人もいます。何に重きを置いたらいいか決められない。広さも必要だけど、出せる金額にも制限がある。日当たりも、環境も、駅からの距離も気になる……。こういうときは、実際に物件をたくさん見ることで、経験知を増やしていく。

順序づけに悩んだら、いったん考えることを止め、状況を動かしてみます。経験知が増えることで、最も妥協できない点、頭で考えているほどには尊重していない点などが、新たに見えてきます。

●身体の声を聞く

優柔不断癖には、**右顧左眄**《うこさべん》（右を見たり、左を見たり、周りを気にして、なかなか決心がつかないこと）が原因であるケースもあります。人の思惑など周りが気になって、決断できない。これも判断に必要な優先順位がつけられれば、自ずと結論が見えてくる。

傍観者の視点ではなく、自分の欲求や行動を組み込んで考えれば、優先順位は必ず決められる。この思考パターンを習慣化すれば、迷うことがなくなります。

決断を下さなければならないのに、どうしても気持ちがのらない、ということもあります。どうも胸がざわざわする。頭ではいいと思っても、胃や胸の辺りに何かつっかえるものがある。こういうときは、すっぱり止めたほうがいい。そういう体内のセンサーを、昔は「胸に落ちる」とか、「腑《ふ》に落ちる」と言いました。内臓的な感覚です。**頭で納得していることよりも、身体が納得しているほうが物事は持続します**。判断に迷ったら、身体に聞くのもひとつの方法です。

旧態依然《きゅうたいいぜん》力

本来の意味 ほかが進歩しているのに比べ、昔のままで少しも変わらないこと。

●「変えない」という、気の遠くなりそうなパワー

昔のまま進歩・発展のないことを指しますが、いまの時代、昔のままであり続けることは、むしろ大変なパワーが要ることです。

東京という都市は、目まぐるしく変化を遂げています。この間まであった建物がなくなって、いつのまにか新しいビルができている。魅力的な都市ではありますが、闇雲に新しいものばかりを造りつづけるのではなくて、**温故知新《おんこちしん》**的な、**古いもののなかに新しい良さを再発見できるような面があったら、もっといい**と思う。

その点、ロンドン、パリ、ローマといったヨーロッパの古い都市には、街並みに**「旧態依然力」**があります。古い建造物を修復・修繕しながら、ずっと使い続ける。周囲の景観を損ねる建物を建ててはいけないといったさまざまなルール、条例もある。とくにイギリスなどは「古いものほど偉い」という価値観が脈々と残っていますから、街の佇《たたず》まいに威厳や風格がある。

日本で旧態依然力を発揮しているのは京都です。建物、街並みだけではなく、そこに暮らす人々にも、長い歴史に培われた底力が感じられる。

京都の人が「先の戦争」と言うときは、戊辰《ぼしん》戦争や室町時代の応仁《おうにん》の乱を指すという話があります。あるいは、「この建物は元禄《げんろく》時代のものだから、さほど古くない」とさらりと言ってのけるところがある。京都が日本の中心として栄えていたのは室町、安土《あづち》桃山時代までで、それ以降は江戸に取って代わられます。そういう時代性をひっくるめ、長いスタンスの価値観のなかで現代も生きているというのは、非常に稀有《けう》であり、素晴らしいと思う。

東京も、浅草界隈《かいわい》にかろうじて昔の面影を残していますが、もっと完璧《かんぺき》に江戸の趣を残した地域があったら、世界中の人が集まり、ある種尊敬に値する都市になることでしょう。

注意しよう！　陥りがちな「四字熟語癖」

小人閑居癖

●しょうじんかんきょ

【意味】小人物は、ひまがあると、とかくよくないことをしでかすものだ。

「小人閑居して不善をなす」の「小人」は「大人《たいじん》」との対比で、徳のない人の意。小人は何もしないでひまをもてあましていると、碌《ろく》なことをしない、ということです。つまり、大人であれば閑居しても不善をなさない。**「小人閑居癖」**の逆は、「大人閑居力」でしょう。

会社を辞めた後、仕事から引退した後の時間をどう過ごすか。自分はどう考えても小人だ、と危ぶまれるようなら、「閑居」しないに限ります。趣味でもボランティアでもいいので何か一生懸命になれることを見つけ、それに取り組むことでエネルギーを発散させてしまう。

逆に、どれだけ「退屈に耐える力」があるかで、自分の小人度、大人度を知ることができる。**退屈力を身につけると、小人ではなくなっていく。**

正岡子規《まさおかしき》は、三十五歳で夭逝《ようせい》するまで七年ほど、ほとんど寝たきりの生活でした。二十代後半から三十代半ばという最も活力にあふれている時期に、ずっと臥《ふ》せっていなければならなかった。そのごく限られた世界でのささやかな日常の機微を俳句や短歌に詠んだ。

いくたびも雪の深さを尋ねけり

鶏頭の十四五本もありぬべし
糸瓜《へちま》咲《さき》て痰《たん》のつまりし仏かな

訪ねてくる人に、外の雪の深さを聞いてみたり、わずかな庭先から見える草木を句にする。そこに自分の姿を重ね合わせる。目の前に死の影がちらつきながらも、子規の句には「軽《かろ》み」があります。そして大人の趣がある。

俳句は、身体を動かさなくても、横になったままでもできる。しかも、つねに「これをどう描写するか」と考えることで心のスペースが占められるので、余計なことを考えないで済む。退屈に耐える力を培うにはうってつけです。

また、**ひまだからできることもあると鷹《おう》揚《よう》な心を持ち**、「閑居することを以《もっ》て善しとする」つもりで、閑居の身をあまり否定的に捉《とら》えないことも大事です。

現代の大人閑居力のお手本というと、細《ほそ》川護熙《かわもりひろ》さんが思い当たります。還暦を機に政界から引退し、陶芸に親しんで余生を楽しんでいる。「出処進退《しゅっしょしんたい》力」（→212ページ）とも絡んできます。

母さん、そこゴミが落ちてる!
リエ、遊んでないで家事でも手伝いなさい!
ジョン、抜け毛が多い!

夏炉冬扇《かろとうせん》

本来の意味　時期に合わなくて、役に立たないもの。また、使いものにならないことのたとえ。

●時期がはずれても、ものは使いよう

夏の火鉢に冬の団扇《うちわ》、季節はずれだと、あっても邪魔になるばかりで役に立たないという意味でした。もっとも、いまはそうとも限りません。夏、エアコンの効きすぎたオフィスで働く女性たちには、冷房病対策のカーディガンやひざ掛けが必須アイテム。また、冬にエアコンを暖房として使用していると、上のほうに暖かい空気が偏りがちですが、扇風機を回すことで暖気を部屋中に均等に拡散できる。無用の長物どころか、充分役立っている。

物の用途というのはひとつだけではありません。発想の転換によっていかようにも使い道がある。それが「**夏炉冬扇力**」です。広義にいえば、役に立たないものはない、という意味にもつながります。

古くは江戸時代から「夏炉冬扇力」を持っていたのが、俳人、松尾芭蕉《まつおばしょう》です。「予が風雅は夏炉冬扇のごとし、衆にさかひて用ふるところなし」と書き残しています。私のやっている俳諧《はいかい》というのは夏炉冬扇のようなもので、多くの人の生活の役には立たない、というのです。

おそらく、芭蕉は、**実益に供しない世界を究めることに「無用の用」を感じ、そこに深い意味を見出していた**のだと思います。

芭蕉は、「**不易流行**《ふえきりゅうこう》」という俳諧理念を提唱しています。不易とは、永遠に変わることのない伝統や芸術の精神を指し、流行とは、新しさを求めて時代と共に変化するもの。両者は相反するように見えて、じつは矛盾しない、どちらも俳諧における永遠の本質なのだ、というのが芭蕉の考えです。

俳句ですから、芸術性ばかりを求めて畏《かしこ》まってはつまらない。かといって、流行に流されてしまってもいけない。不易流行を唱える芭蕉が、自分の俳諧を夏炉冬扇にたとえたのは大変面白いと思います。

朝三暮四力《ちょうさんぼし》

本来の意味 口先で人をごまかすこと。目先にこだわって、同じ結果になるのがわからないこと。

●目先の利益だけ追わない、という教訓

この熟語は由来が面白い。

宋《そう》の国の狙《そ》公《こう》が猿を飼っていた。その猿たちに、朝に三つ、夕方に四つ、トチの実を与えると言ったところ、少ないと怒った。では、朝に四つ、夕方に三つにしようと言ったら、猿は喜んだ。――

合計七つであることは変わらないのに、目先の違いにごまかされてしまうことです。「猿」の字が入っていたら、もっと楽しい四字熟語になったでしょう。

この猿たちのように、目の前に出されたエサに飛びついて、結果も省みずに得をした気分になってしまうのは、「朝三暮四癖」です。朝三暮四は、その場の状況に埋没して目先の利益ばかりを追ってしまう自分を戒める言葉です。これを直すには、物事を長期スパンで捉《とら》える、トータルで考える目を養うことです。

●同じ結果なら、気持ちよくさせてやる

では、「**朝三暮四力**」とは？

猿にトチの実を**与える側の立場に身を転じてみると、「朝三つ、暮れ四つ」と、「朝四つ、暮れ三つ」が、必ずしも同じ結果をもたらすとは限らない。あげる数は同じでも、タイミングが違えば効果も違う。**

小学生相手の塾の授業途中で、お菓子を配ることがあります。集中力が途切れてバテかかったときに、「はい、一休み。これを食べて、また頑張ろう」とやると、一個のお菓子でも効果がある。ご褒美がその後のエネルギーになる。

一方、「全部できたらご褒美をやろう」と、鼻先にニンジンをぶら下げるやり方もあります。しかし、やり終えたときには精神的達成感があるので、ご褒美の必要はな

いのです。

仕事がすべて終わってから、最後に「みんなありがとう」とボーナスを出しても、喜びはするけれど、そのエネルギーは仕事に反映されない。それよりは、「大変だけど、みんなよく頑張ってくれているからボーナスを出します」と、やっている途中に宣言したほうが、能率が上がる。

同じだけあげて、不満を持たれるのと感謝されるのでは、両者の関係性も大違いです。同じ報酬でいいのならば、良好な関係を築いていけたほうがいい。

最初に自信の芽を摘み取るようなことを言ってやらせるよりは、自信をつけさせる言葉をかけてやらせたほうが伸びる。最初にいい関係を築いておくと、信頼関係が生まれてスムーズに運びやすい。

タイミングと価値観を考えることで、朝三暮四力は現代社会で役立つ力になります。

きょきょじつじつ

虚虚実実力

本来の意味 あらゆる計略をめぐらし、相手の隙を衝くなどして、力のかぎり戦うこと。

●主導権をとるために、知略を尽くせ

「虚虚実実の駆け引き」というと、嘘と誠を取り混ぜてやり取りするイメージがありますが、「虚」は嘘をつく意味ではなく、「隙」のことです。備えの弱いところ。一方の「実」は、守りの堅いところ。相手の実を衝《つ》くのではなく、虚を衝く、弱いところを衝く。「**虚虚実実力**」**とは戦略的視点、戦略的思考を持つ**ことです。

勝負事では、トータルの力量を比べても意味がありません。総合力ではるかに優《まさ》っているほうが負けることもある。相手に対してどういう戦略で戦うかをはっきりさせ、それに成功したほうに勝利の女神は微笑む。

実戦における戦略的思考でまず大事なのは、**どういうやり方でぶつかり合うかを、こちらが主導権を握って決めてしまう**ことです。

テニスを例にとりましょう。

戦略を立てるには、まず相手の弱点を見つける。他の試合のときや練習風景を観察して、相手の隙、「虚」を見つけ出す。たとえば「バックハンドを深く攻められると弱い」と見たら、とにかくそこを衝く戦術を考える。

「自分は相手のバックハンドを抜くようなパッシング・ショットがどれだけ打てるのか」、「相手のバックハンドを攻めるようなアプローチ・ショットがどの程度打てるのか」だけを考え、ひたすらその練習をする。相手のフォアハンドがいくら強くても関係ない。なぜなら、相手の得意とするほうには打たないのですから。相手のバックハンド深く打って、浮いてきたボールを前に出て処理する。いろいろな練習をすると、時間も力も分散してしまいますが、ある一点を衝く練習だけするのですから、十なら十の力すべてを賭《か》けられる。

弱点は、試合中に突然克服されることはありません。また、苦手なところばかり徹底的に衝かれると、苦手ではない部分でもミスをし、ペースが狂っていく。こうなれば、勝利は見えたも同然です。

いろいろな力を短期間で一気に身につけるのは無理ですが、一点集中ならばわずかな時間でもできる。**相手の「虚」に、自分の最も得意な戦法で立ち向かう。**

こちらに都合のいい状況を作れない、逆に相手の思うツボにはまってしまうのは、自分の立てた戦略を実践するだけの技術がないか、あるいは相手の虚虚実実力のほうが長《た》けているのです。

一対一の個人プレイに限らず、チーム戦でも同じです。サッカーでは、ディフェンスに一点突破されやすいところがあると、それがチームの「虚」になる。そこを何回もやられれば、当然みんながフォローに動く。本来のスタイルが崩れる。

結局、**総合力は勝敗にはあまり関係ない。効果的な戦略は、つねに相手の弱いところに対して、こちらの最も強いものを当て、そこを突破口にして相手のペースを崩すところにあります。**

●バランスが一気に崩れる一点、「虚」

「虚」、すなわち隙の一点を衝くことは、何かを壊すときにノミを打ち込むのと似ています。ある一点に絞り込んで打つと、そこを崩すだけでバランスが一気に崩れて、全体が崩壊する。そういうツボがある。

マッサージや指圧などのいわゆる漢方の療法には、「虚実をみる」という言葉があります。身体のなかでエネルギーが過不足なく働いている状態を「平《へい》」、エネルギーが抜けているところ、不足しているところを「虚」、過剰にエネルギーが溜《た》まっているところを「実」と呼び、**エネルギーの滞り具合をみる**ことです。

「虚実」は不動のものではなく、他の部位と比べての差異ですから、その時々で移り変わる。そのときに「虚」や「実」が現れている箇所を見つけて、そこにエネルギーを吹き込んだり、逆に外に排出したりすることで、健康状態を維持していく、というのが東洋的な療法の考え方です。指圧や気功をやる人のなかには、実際に身体に触らなくても、みただけで虚実の部位がわかる人もいます。

一般的な暮らしのなかで虚実感覚を応用していくには、相手の「虚」の部分を見極めて、戦略を立てることになります。相手は人間でなくてもいい。虚実感覚を生かせば、試験を突破することも、新たなマーケットを読むこともできます。

私が最初に『声に出して読みたい日本語』（草思社）を出したときには、「声に出す」ことで何かが変わるなんて、という懐疑的な見方もありました。しかし、日本には江戸時代から明治時代にかけて、音読するという教育法が効果的だった時代、「実」であった時代があった。それがどんどん廃れて、現代では「虚」になっていた。この場合の**「虚」とは、社会から光を当てられない薄い部分、盲点という意味**です。その後、音読は脳科学的理論からも有意義だと実証され、いまでは音読効果が社会的に再認識されるようになった。

また、いまはゲーテの本を読む人が減り、これもまた現代における「虚」になっていた。戦前までは、みんなこぞってゲーテを読んでいたものです。ところが、すっかり「虚」になっていたため、私がゲーテで本を出したいと言ったときも、編集者は最初、必ずしもこの企画に乗り気ではなかった。ところが『座右のゲーテ』（光文社）を出したところ、想像をはるかに超える売れ行きになった。

かつて「実」であったものは、いまは「虚」であっても、やがてまた「実」になる可能性が高い。社会のなかでいま何が「虚」になっているのかを見極める力は、このように埋もれているマーケットを発掘する力にもなるのです。

しゅっしょしんたい

出処進退力

本来の意味 現在ある地位や職に留まるか、辞めるかといった、けじめのつけ方。

●引き際が肝心

現在の地位に留《とど》まるか辞めるかの決断。「**出処進退力**」に問われるのは、**いかに留まるかではなく、いかにあざやかな引き際を見せるか**、にあります。どんなに功績を残した人でも、これがすっぱりとできないと晩節を汚すことになる。

仕事というのはほとんどがポジションでやるものです。地位や職によって、仕事の内容や質が変わる。待遇も変わる。世間がその人に対して見る目も変わる。しかし、それは「個人」に保証されたものではなく、その「ポジション」に与えられたものです。ポジションは独占しつづけてはいけない。時期が来たら、人に譲らなければならない。どんな地位、どんな役職でも永遠に与えられた枠ではない。そのことをつねに意識していなければならない。

出処進退を自ら決断しなければならないのは、他の人が口を挟みにくいトップに立つ人です。

自分がいつまでも輪の中心に居続けようとするのは、他の人のスペース、他の人の活躍の場を奪っているということです。ある時期が来たら、自分から退いて人に譲る。「代わりになるようなヤツが出てくれば譲る」というのは勝手な言い訳にすぎません。スペースがないことには代わりになる人も出てきようがないのです。スペースが空けば、そこを埋める人が必ず出てくる。人が変わることで組織はまた活性化していきます。

●つねに、退く覚悟を心に持つ

「辞め時」というのは、ある日突然ぽっかりと心に浮かぶものではありません。普段から、**「いつでも退ける」覚悟を持つ**ことです。昔で言えば、武士の切腹。不始末をしでかしたら腹を切ってけじめをつける。腹を切るのがいいわけではありませんが、その心構えができていることで、潔くいられる。切腹用の刀を懐に持っている状態が心を強くする。

いつでも退く覚悟がある人は、リスクがあることに対しても果敢にチャレンジができる。地位にしがみついていたい保身を考える人は、現状維持を第一に考える。引き際を考える姿勢があるかないかで、日ごろの考え方も違ってきます。

世間の人は、出処進退力をもってその人の「器」を見ています。地位や職にしがみつく人は「意外に器が小さかったのだな」と失望される。

「これはまずかった」と思ったら、自分から進退を明らかにする。引き際が見事であれば、過ちは過ちとして認めたことで、それなりの評価が得られるものです。その度量が買われて、時が経ってまた復帰の芽があることもある。

出処進退力のある人は、自分の都合を勘定に入れずに物事を考えられる人です。地位や役職のために尊敬されるのではなく、器の大きさで尊敬されます。

虎視眈眈《こしたんたん》力

本来の意味　油断なく機会を狙っているようす。

●高みから全体を見渡し、情勢を見定める

虎が獲物を狙って、鋭い目でじっと見下ろすさま。これが狐による「狐視眈眈」だったら、小ずるくようすを窺《うかが》っている印象になりますが、強い虎がチャンスを狙っているのです。虎さえも状況を見定めてから動く、と解釈すると、「**虎視眈眈力**」は非常に面白い力になります。

焦ってその場の状況を見ずに飛び込んで失敗するよりは、しばらくようすを見る。その見方です。全体を見渡しやすい場所に身を置く。そして、機会を狙う。

福本伸行《ふくもとのぶゆき》さんの『アカギ』という麻雀《マージャン》を題材にしたマンガがありますが、それを見ていると、強い人はいきなりゲームに参加しない。加わる前に、他の人たちの打ち筋を後ろのほうからじっと見る。これを「見《けん》に回る」と言うそうですが、**誰がどういう打ち方をするのかを見定めてから場に入る**。強い人ほど慎重である。これなども完全に虎視眈眈力です。

●つねに臨戦態勢で待つ

代役に立つというのも、虎視眈眈力がものを言います。

演劇などの世界で、主役が何かの理由で降りることになり、代役を立てる。よく「主役の座を虎視眈眈と狙う」と言いますが、実際にはどうしたら抜擢《ばってき》されるのか。脇役のなかに、自分のセリフだけでなく、主役のセリフも全部覚えている人がいれば、当然代役が回ってきやすい。普通は自分の役のことを考えるだけで精一杯のところを、人一倍努力してすべてを頭に叩《たた》き込んでしまう。

野球やサッカーでレギュラーを狙う補欠選手の場合でも、「次のレギュラー、絶対取ってやろう」という気持ちが強い人は、ぼんやりと試合を眺めてはいない。「自分があの状況に立ったら、何をするか」という視点で見ている。シミュレーションすることで、状況判断力が鍛えられる。だから、いざ「よし、おまえ行け」と言われたときに即戦力になる。

いつどう使ってもらえるかわからない状況でも、準備できている。油断なく狙うというのは、**自分自身の臨戦態勢を整えておく**ことです。そういう意味では、「千載一遇力」（↓62ページ）と重なる部分もある。

教育実習の学生を観察していると、大抵の場合、教室の後方に座って、メモも取らずにただ授業を見ています。教師になろうという目的があるなら、子どもが授業に集中しているのか、少し飽きているのかといったことも見なければならない。後ろの席にいては子どもたちの後ろ姿しか見えない。教師が子どもを見ているのに近い視線から、子どもの反応を見る必要があるのです。「教師になるぞ」という意気込みが強い人は、教室内の全体が見渡せる「眈眈ポジション」に立ちます。

虎視眈眈度は、その人の本気度を測るバロメーターでもあります。

旗幟鮮明《きしせんめい》力

本来の意味 立場や主張がはっきりしていること。

●狙いをはっきりとさせれば、人はついてくる

旗や幟《のぼり》が鮮やかに掲げられている、主義主張、態度がはっきりしている。敵味方に分かれて戦っている時代には、旗印が鮮明であればそれだけで立場がわかりました。

しかし現代は、具体的にどんな狙いがあるのか、他とはどう違うのかがわかりやすく示されていないと、人を動かす力にはならない。**旗幟とは、現代風に言うと「コンセプト」です。何かを成すときに、クリアな概念を打ち出しているか、狙いがあるのか。「旗幟鮮明力」**はプロジェクトを推し進める力でもあります。

大学で、新しい学科を創るプロジェクトに関わったときのこと。それまで長い間検討を繰り返したものの、「いいのができればやってもいいし、そうでないなら止めておこう」というスタンスだったために、先延ばしが続いていました。

チームでこれを引き受けたとき、私たちはまず「創るのか、創らないのか」を決めることにしました。「創る」と方針が決まった。では、どんな学部がいいか。心理学と社会学を分けて捉《とら》えるのでなく、人間を心理社会的な存在としてトータルで見る、臨床人間学が学べる学部はどうだろうか、という発想で提案した。そして、旗を立てて人材を集めた。こうして創設したのが心理社会学科です。

結局、クリアな旗が立つかどうか、狙いを定められるかどうかで、事が動くかどうかが決まってくる。漠然と大きすぎたり、抽象的すぎると実現しにくい。

昭和の時代は、大雑把でよかったのです。「豊かになろう」とか「**勧善懲悪**《かんぜんちょうあく》(よい行いをすすめ、悪い行いをこらしめること)」といった旗でよかった。たとえば、「打倒〇〇」とか「売上三倍増」という「かけ声」があれば、もっと豊かになるため、会社が大きくなるためのスローガンとして充分、役に立った。ところがいまの時代のように社会が多様化し、価値観もばらばらになってくると、大きなかけ声はもう力にならない。はっきりしたコンセプトを、それもピンポイントで打ち出さないと、他との差異が出せない。

そこにしっかりした価値を生み出す着想があるのか。他のものとの違いをくっきりさせ、新しい価値を作り出す中心とは、簡単に言うと「狙い」です。つまり、**コンセプトとは、「狙いを定めた切り口」**ということになります。

コンセプトが明快だと、物事の根幹が揺るがない。結局、「何がいままでと違うのか」「何がしたいのか」ということに答えられるのがコンセプトです。

●旗を持つ人は揺らいではならない

旗幟鮮明力で成功した最近の例では、「ちょい不良《ワル》オヤジ」をキャッチフレーズにした雑誌『LEON《レオン》』が挙げられます。あの雑誌が当たったのは、コンセプトが非常にはっきりしていたためです。記事の内容、扱う商品、登場する人、コピーの表現にいたるまで、路線が鮮明に打ち出されている。表紙にジローラモさんを起用しているのも、わかりやすい。**誰かが体現していると、コンセプトというのはより伝わるもの**です。

テレビ番組『世界一受けたい授業』のコンセプトは、「バラエティ色を持ちながら、基本は真面目に講義する」こと。これまでのこういった番組は、クイズ形式にするか、解説部分は別に収録したものを流すだけだった。しかし、『世界一受けたい授業』では実際に授業空間を作り、毎回、講師陣がスタジオで直接授業をするのが売りです。

コンセプトというのは、考え方だけドーンとあってもダメで、**実際的な判断一つひとつの規準となるビジョンを形で示すことができるか**どうかが大事です。しかも、その切り口が人々の心に迫るものでなければならない。着想がどんなによくても、社会と共有できないものはヒットしません。

大切なのは、旗を持つ人が揺らがないことです。他の人はグラグラしても、この人だけは揺らがないという安堵《あんど》感があると、周囲の人は安心してその旗についていける。リーダーに欲しい資質です。

注意しよう！　陥りがちな「四字熟語癖」

●ほんまつてんとう
本末転倒癖

【意味】大切なこととどうでもよいことのあつかいが逆になること。

物事の根本的な部分、主軸となることと従属的なことを取り違える。つまらないところにこだわることによって、大局観を失うのが**「本末転倒癖」**です。**「主客転倒《しゅかくてんとう》」**とも言います。

「木を見て森を見ず」という諺《ことわざ》もあるように、枝葉末節にとらわれすぎると、状況を見誤ります。

目的と手段と言い換えると、もっとはっきりします。何かをやるとき、手段が目的化してしまって、どうやろうかにばかり頭が向いてしまうと、元の目標を忘れてしまい、着地点を見失いやすい。

たとえば、勉強は知識や学力をつけて自分を豊かにするためのものですが、受験に追われて、試験に合格するための勉強になってしまうことがある。それでも頑張っただけの学力がつけばいいのですが、付け焼刃で詰め込んだだけだと、試験が終わったらきれいさっぱり忘れてしまったりする。何のための勉強かわからない。

体育会系の部活動にも、目的のわからない練習法が、脈々と残っていることがある。この練習が、何を伸ばすものかわからないまま、慣習的に続けている。じつは誰もその練習の意義を理解できていない。これも意味がない。

つねに「何のためにやっているのか」という目的を忘れない。優先順位を間違えない。非常に重要な能力です。

チームや組織の場合、全員が自覚を持つことが理想ではありますが、誰かがきちんと本末をわきまえていて、全体の軌道のブレを正すことができればそれでいい。

優先順位を決めるコツは「優柔不断力」（→194ページ）のなかでも述べました。大事なのは比重感覚です。事柄をすべて同格、同列に並べてしまわないことがポイント。「いまやらなければいけないことはどっちか」、「どの条件を最重要視するのか」、「何にはこだわらなくていいのか」の区別をはっきりさせることです。

八面六臂《はちめんろっぴ》力

本来の意味 ひとりの人が各方面で、何人分もの活躍をすること。

●ひとつの道に秀でれば、自ずと他の道が開けてくる

「面」は顔、「臂」はひじの意味で、八つの顔と六本の腕を持った仏像から、幾つもの顔と腕を持ち、ひとりで数人分の手腕を発揮することを言います。同じ意味で「三面六臂」という熟語もあります。

「あの人は八面六臂の活躍をしている」と言うとき、多方面にわたってマルチな才能を発揮していることのように考えています。しかし、まったく違うことをやっているわけではなくて、案外、やっていることの基本は同じだと思うのです。顔や手が幾つあろうと仏像の身体がひとつであるように、ひとりの人間がやっているのですから、**才能の基本、根幹となる力も本当はひとつ**なのです。

私たちが八面六臂と見ているときには、ひとつの道に秀でた人が、他のことをやっても成功していることがイメージとしてある。つまり、ある才能が土台にあって、さらに別の新しい道を開いて、そこでもうまくやれることをすごいと思う。

他人から見ればさまざまな才能を開花させているようでも、当人にとってはそれほど違うことをやっているわけではない。基本は同じ。活躍するフィールド、自分の身の置き場所が違うだけで、その人のなかではつながりを持っている。基本になっている力、**才能の礎になっているものはひとつで、それが素晴らしく卓越していて、他の状況にも応用させられる。**「**八面六臂力**」とは、じつはそういう力ではないかと私は考えています。

●ダ・ヴィンチの才能の根幹は、デッサン力だった

レオナルド・ダ・ヴィンチも、八面六臂の活躍をした「天才」です。たしかに絵画、彫刻、建築、土木、科学といろいろな方面に手を伸ばし、芸術作品だけでなく、数多

くの発明やアイディアを遺しています。しかし、なんといってもダ・ヴィンチの本領は画家です。とくに卓越したデッサン力を持っていました。

ダ・ヴィンチの発想それ自体は必ずしもすべてが奇抜なものではなく、他にも同じような発明を試みた発明家はいたようです。しかも、彼は多くの発明をしていますが、実際にはほとんどがものになっていないといわれています。にもかかわらず、なぜダ・ヴィンチが注目されてきたか。それはデッサンが抜群に巧《うま》かったからです。

領主とか、当時の権力者のところに、自分は兵器を作れると売り込みに行く。デッサンがあまりにも素晴らしいので、すぐ使えるもののような気がして、資金を出してくれる。

ダ・ヴィンチは人体解剖もたくさんやっています。人間の表情の微妙さをつかむには、人体の構造を知ることだ、骨格と筋肉の付き方、皮膚の在り方がわからないとダメだと、解剖をしてはそれをスケッチした。

彼は、女性の髪の毛を見て、その流れ具合を描くことができた。水を見ても、その渦巻くようすを描くことができた。水流の渦巻き、女性の髪、宇宙の渦……それらをすべて、デッサンに共通するエッセンスとして捉《とら》えることができた。

小宇宙である人間と大宇宙をつなげるという捉え方は、中世ルネサンス期の考え方のひとつでした。ダ・ヴィンチのすごいところは、それを完全に絵として体現できたことです。彼のデッサンには、一枚の絵のなかにすべてを込めていく凝縮力のようなものがあった。発明品、建築、解剖、科学と、いろんな活躍をしているようでも、すべてが絵につながっている。

モナ・リザの絵は、その最たるものです。非常に微妙なニュアンスを持つモナ・リザの顔は、そうしたさまざまな力を絵に投入して描いたものです。近代でも現代でも、絵画で小宇宙と大宇宙を表現されていないのは、デッサン力がそこまで到達していないからです。

万能の天才のように見えても、一点に特別優れるところから始まる。八面六臂力をつけるには、**まずは一芸を磨く、根幹の力をつける**ことです。

拍手喝采《はくしゅかっさい》力

本来の意味 みんなで手を叩いて、褒めること。

●身体から上機嫌モードに

私は、機嫌は自分でコントロールできると考えます。人と人で成り立っている社会においては、個々が気分の波を制御して、つねに安定した心持ちを維持継続することが望ましい。社会的動物としての「上機嫌の作法」です。

そして、身体的に上機嫌モードを作り出すのに非常に有益なのが、「**拍手喝采力**」。今日の日本人にとくに身につけてほしい力です。

コンサートに行くと、みんな自然に拍手する。ところが、日常の空間ではほとんど拍手をしない。会議の席でもプレゼンテーションでも、いい意見、いい提案に対しては拍手で評価の姿勢を示すといいのですが、まずやらない。

私は企業を対象にしたセミナーで、チームに分かれてディスカッションをして、「少しでも新しいアイディアやいいコメントがあったら、その意見に対して拍手して褒めてください」と言って実際に全員にやらせるのですが、なかなかやってくれない。仕方がないので、「拍手喝采量でグループの評価を決めます」と言うと、ようやくやる。

チーム・ディスカッションで他の人の意見に喝采することは、嫉妬《しっと》心を自分から追い出すことです。チームとしての士気を高め、場を祝祭空間にしやすい。これを頭で考えて、意識してやろうとしても難しい。しかし、手を叩《たた》くだけで身体的にそういうモードに入れる。心がそれについていく。

コンサートでいい演奏を聴けば、自然に拍手したくなる。同じ感覚で、**いい意見、いい提案に対してのリアクションとして拍手をする。いいものに対して、身体を関わらせて反応する。拍手喝采で生きるメンタリティが、場をいい空気にしていきます。**

●場を盛り上げ、活発にする力

拍手喝采を浴びるのは、とても気持ちいいことです。まさに全身に「浴びる」感じ。拍手の波動のような響きを感じることで、喜びが湧き上がる。一度味わうとクセになり、またこの快感を全身に浴びたくなります。

大学の講義でも、拍手喝采ゲームをやります。グループに分かれて、誰かひとりがスピーチをする。最初に全員で拍手して、ハイタッチをしてから始める。終わったら、グループ全員でまた拍手。拍手とハイタッチが気分を高揚させ、それだけで場が盛り上がります。

これを繰り返すことで、**自分で自分のテンションを盛り上げる力を技化《わざか》できる**。ひいては、つねに上機嫌でいるためのコツもつかむこともできる。何かの新興宗教のように、集団催眠でも掛けられたようになってしまうと気持ち悪い。相手を率直に称《たた》える気持ちでやる、自然な反応としての拍手です。

谷崎潤一郎《たにざきじゅんいちろう》に『幇間《ほうかん》』という短編小説があります。主人公はとにかく人を楽しませること、人に笑ってもらうことが大好きで、旦那《だんな》としてお座敷遊びをしているうちに、幇間になろうと柳橋《やなぎばし》の太鼓持ちに弟子入りする。それ以前から、旦那として酒席に出ているのにいつも徹底して自分を人より下に置き、みんなを笑わせ、場を盛り上げる。太鼓持ちといっても、彼の場合、卑屈に媚《こ》びへつらうイメージではなく、愛嬌《あいきょう》ある性分として描かれています。

盛り上げ上手な人がいるだけで、場が明るく円滑になる。それは酒席でも会議でも同じです。会議で太鼓持ち的な役割を演じるのは無理でも、拍手喝采力で場を盛り上げることはできる。しかめ面して硬いムードよりも、拍手喝采のある柔軟な姿勢の会議のほうが、議論も活発になり、いいアイディアが出ます。

色即是空《しきそくぜくう》力

本来の意味 仏教で、この世にあるすべてのものは仮の姿で、不変ではなく、本質は空であるということ。

●こだわりを捨てる、空っぽを受けいれる

般若心経《はんにゃしんぎょう》に出てくる言葉のなかで一番よく知られている語。「色即是空」と「空即是色」は対義語ですが、意味は同じです。

「色」すなわちこれ「空」なり。現世に存在するあらゆる事物は実体ではなく、空無である。その空とは、すべてを否定する虚無ではなく、そのままこの世に存在する物の姿である。

形あるものはすべて崩れ、すべて変転していく。それに耐えられるだけのメンタル

タフネスを持つ。それが「**色即是空力**」です。毎日般若心経を唱えていれば身につくというものではない。般若心経のこの精神を、どこまで実際に感じ取れるかという力です。

仏教の基本は「こだわりを捨てていく」ことです。執着を捨てる。突き詰めていけば、自分が幸福になりたいという欲望さえも捨ててしまう。「すべて〇〇である」と言い切れない、空っぽであることを受けいれて生きるためには、タフな神経が必要です。人間は断定できる状況のほうが楽です。ないならないと決めつけてしまったほうが安心できる。

たとえば、悲しいことがある。最愛の人を失った、受験に失敗した、事業に失敗した……。「もうこれで終わりだ」という気分になる。それは、大事な人と永遠に一緒にいられることを、受験に合格することを、会社がずっと隆盛でありつづけることを期待している自分がいて、その期待がはずれるから絶望的になるわけです。その期待する気持ちが煩悩であり、それを消してしまうというのですから、よほど達観しなければ得られない。

しかし、誰でも色即是空のイメージを捉《とら》えることができるのが、呼吸です。吐く息と共に自分のなかが空になり、世界に静けさが訪れる状態を意識できる。呼吸を意識することで、日常のなかのトラブルに対応する強靭《きょうじん》な精神を養えます。

●呼吸で死生観を感じ取る

『呼吸入門』でも書きましたが、私は三秒吸って二秒止めて十五秒吐く呼吸法を勧めています。十五秒というのは、吐く時間としてはかなり長い。普通、血圧を下げるには八秒ぐらいがいいようです。十五秒吐きつづけるには、相当意識的に息をコントロールしなければならない。その吐くときに、色即是空力が鍛えられる。

呼吸の一回一回を、生まれて死ぬ感覚と捉える。呼吸により静けさのなかに落ちていって、生命体としての自分が物の序列に移っていく。死ぬことは物に帰ることです。物として石を見たときに、私たちは心が落ち着きます。鉱物を見ると安らぐ。そういう物の序列に、徐々に入っていく。生命体から非生命体への架け橋が「死」です。行ったきりで終わりにはならず、また戻る。「死」と「生」さえも円環しているというのが般若心経の考え方です。一個の死によって終了ではない。すべてが「**不生不滅**」、生まれるということもなければ滅することもない。

呼吸を通じて「生き死に」を意識することは昔から行われてきました。座禅とかヨガにはそういう目的もあったわけです。

人生に起こるさまざまな問題を、いちいちトラブルと捉えない。この境地が得られれば、つねに冷静でいられるようになる。色即是空力は、「泰然自若力」（→112ページ）とも深くつながっています。

もっとも、色即是空力の究極は、誰かを愛することも、難しい試験に合格することも、事業で成功することも一切求めないという生き方ですから、人生の面白みが薄れる。生きていくことの魅力が感じられなくなる。人間は元来、煩悩を持って生まれてくる生き物ですから、人生に起こる出来事一つひとつに**喜怒哀楽**を持ち、**一喜一憂**することで人生が豊かに彩られていくものでもある。ですから、何があっても動じることがない生き方が必ずしも最高であるとは言い切れない。色即是空力を持ちすぎることがいいとも断言できない。**俗世に生きる私たちにとっては、一喜一憂して生きる力と、色即是空力を併せ持つ感覚も必要**といえます。

人間青山《じんかんせいざん》力

本来の意味　世のなかどこでも骨を埋める場所くらいはあるものだ。故郷だけが墓地ではないのだから、大きな野望をもって故郷をはなれ、存分に活動すべきである。

●「もう戻れない」という決心の上に立つ

この言葉は幕末の僧、月性《げっしょう》の漢詩から来ています。

男児志を立て　郷関を出ず
学もし成らずんば　また還らず
埋骨　いずくんぞ墳墓の地を期せん
人間いたるところ　青山あり

「人間《じんかん》」は世のなか、「青山」は墓地のこと。自分の骨を埋める場所はどこにでもある。志を持って故郷を出たからにはそれを遂げるまでは帰らないつもりで、思う存分やれ。「**人間青山力**」とは、**志を持ち、退路を断て**という勧めです。

幕末・維新期は、地方出身者の情熱が炸裂《さくれつ》した時代でした。地方の志に燃える力が幕府を倒し、新しい政府を作った。そこに「上京パワー」があった。以来、地方の人間が東京に出てくるときには、たいがい何がしかの志を持っている。なかには「東京には負けへんで」という心意気を持った関西の人もいるでしょうが、それもひとつの志です。

退路を絶つという覚悟は、ひとつの活力源です。夢を抱いて上京する。「いつでも帰れるさ」という気持ちの人よりは、「もう帰らないぞ」という心意気で勝負をかける人のほうが確実に強い。世に出て一旗揚げようという場合は、とくにその差がはっきり出ます。いつかは故郷に錦を飾りたい。その決心が挫《くじ》けそうになる自分を奮い立たせ、同時に故郷への深い郷愁となるのです。

いまも進学や就職のために地方から東京に出てくる人は多い。その志の程が幕末・維新期ほど高いかどうかは別にして、少なくとも親許《おやもと》にいて**安閑とした生活を送っている人よりは、たくましさが得られる**。家を出てひとり暮らしを始めるだけでも違う。いつまでも「パラサイト・シングル」をしていては、人間青山力は身につきません。

漱石枕流力《そうせきちんりゅう》

本来の意味 強情で負けおしみの強いこと。

●開き直りとこじつけがもたらす、ユーモアとパワー

中国の故事に基づく熟語です。

晋《しん》の孫楚《そんそ》という人が、「石に枕し、流れに漱《くちすす》ぐ」と言うべきところを、「石に漱ぎ、流れに枕す」と言い間違えた。それを聞いた友人の王済《おうさい》が誤りを指摘すると、孫楚は「流れに枕するとは俗世間のくだらない話を聞いた耳を洗うことで、石に漱ぐとは歯を磨くことだ」と強引に言い逃れた。――そこから、負け惜しみの強いことを言うようになった。

本来はいい意味合いではないのですが、私は好きです。開き直ってこじつけるところがいい。孫楚も「しまった、間違えた」と思ったに違いないのです。自分でも気づいていながら、しかしそれを認めるのも癪《しゃく》だという気持ちで、別の解釈をする。こじつけであることが相手にバレバレであっても、無理して言い切ってしまう。強引な力技ではありますが、ユーモアがあるし、間違ったという自覚のうえであくまでも貫き通すところに魅力を感じます。

言ってみれば、**「漱石枕流力」は「こじつけ力」**です。「換骨奪胎力《かんこつだったいりょく》」（↓48ページ）や、「牽強付会力《けんきょうふかいりょく》」とも似ています。

夏目漱石《なつめそうせき》の「漱石」という号は、この故事から取られています。漱石は『吾輩は猫である』や『坊っちゃん』のようなユーモア小説でスタートした作家ですから、なかなか似つかわしい号です。本名の夏目金之助《きんのすけ》より風格がある。漱石には、この名に見合ったユーモア小説の路線をもっと書きつづけてほしかった気がします。

●意外なアイディアに結びつく

さて、換骨奪胎もそうですが、漱石枕流力の強みは、**解釈を変えるところから、普**

通に考えていたのでは出てこないようなものが生まれる点です。私自身、違う発想で何かを生む経験がよくあります。本書、この「四字熟語力」の発想にしても、辞書による解釈だけではなく、いまの時代、いまの感覚で四字熟語をリアルに捉《とら》えたいと考えた私のこじつけ力です。

たとえば、デカルトの神の証明も、神という存在を証明しようと考えていたわけではなく、宇宙の仕組みを考えるなかで見えてきたことです。

錬金術もそうです。金以外の物質を加工したり、化学反応させることによって、金を作り出そうとした。人間はこの技術に膨大なエネルギーをかけてきた。しかし、金以外のものから金を作り出すのは不可能です。結局、金を作ることに成功した人はいないわけですが、その膨大に費やされたエネルギーが全部無駄だったかと言うと、決してそんなことはない。さまざまな物質を取り扱う技術は、その後の近代科学に非常に貢献した。**出発点や目的は違っても、結果として面白いものにつながることはよくあること**なのです。

漱石枕流力の人、こじつけ力の冴《さ》え渡るキャラクターといえば、ドン・キホーテです。兜《かぶと》だと言ってタライを被《かぶ》ってみたり、瘦《や》せこけた馬を名馬だと言ってみたり、風車を巨人と言って立ち向かったりする。風車に吹き飛ばされて、従者サンチョ・パンサが「だから、言ったこっちゃない。あれは巨人じゃない、風車でしょう」と言っても、まだ頑として言い張る。まったく懲りない。ある意味、困った頑固親父なのですが、次第に周りが彼のキャラクターに惹《ひ》きつけられていく。

そのドン・キホーテが、最後にすべては戯言《たわごと》であったと認めてしまうところがあります。「この世に遍歴の騎士なるものがいるとか、いたとか……そういう世迷い言に付き合わせてまことに申し訳ない」と、いままでの言動はすべて妄想であって、みんなに迷惑をかけた、としんみりと言い遺す。サンチョ・パンサは「何を仰《おつしや》るんです。旦那《だんな》さん、死んじゃいけません。殿様を殺そうとしているのは気の病です。また旅に出かけましょう。ドルシネーヤがお出ましになります」と励ます。ドルシネーヤとは、幻の恋人のことです。ここにおいて、これまでずっとドン・キホーテの戯言をたしなめてきたサンチョ・パンサのほうが、想像の世界にしかいない存在を引き合いに出す。漱石枕流力が伝染している。

漱石枕流力を持つ人は、「困った人だ」とため息をつかれながらも、実際には**憎めない愛すべきキャラクター**だと思います。人を巻き込んでいく力、強い存在感を持っている。

この愚かしい男の物語が世界で非常に広く読まれているのも、このキャラクターが愛《いと》おしいからではないでしょうか。これもたしかにひとつの「力」です。

「力」と「時代」と四字熟語

自分史に色を与える四字熟語

「シュトゥルム・ウント・ドラング」――日本では「**疾風怒濤**《しっぷうどとう》」と訳されている。ゲーテの小説『若きウェルテルの悩み』の主人公ウェルテルは、青年期の感情に任せて行動し、挙句に自殺しますが、そういったあふれかえる衝動を表現する文学が、十八世紀ドイツに巻き起こった。これを、時代の雰囲気として疾風怒濤、あるいは文化運動としての疾風怒濤と呼びます。

「シュトゥルム・ウント・ドラング」と名づけることで、その世界観にひとつの色づけがされたわけです。本来、嵐と衝動を意味するこの言葉は、ドイツ語における四字熟語のような、勢いのある決め言葉のひとつといっていいでしょう。

自分の人生もまた、節目ごとに区切り、ひとつの時代として四字熟語で名づけてみると、自分のなかで区切りをつけやすくなります。自分自身を潔く受けいれられる。

私の場合、高校時代は「**伏竜鳳雛**《ふくりゅうほうすう》時代」でした。体育祭のとき、「伏竜鳳雛」と背中に書いたTシャツを作ってクラス全員それを着て戦ったところ、非常に結束力が生まれた。「伏竜鳳雛」というのは、竜が伏した状態、やがては鳳《おおとり》になる鳥もまだ雛《ひな》である時代のこと。実力を発揮する以前の、力を溜《た》めている時代のことです。世に知られていない大人物や逸材をたとえる言葉でもある。そういう気概がクラスメイトの間に共有されていた。夢と希望にあふれていたあのころを思うと、私の高校時代はまさしく「伏竜鳳雛時代」だったと思います。

大学に入って、盛んに議論を戦わせる仲間ができます。それまでは友だちとただ面白いことばかり話していたのが、議論の面白さに目覚めた。論理的になぜそれが正しいのかという議論を、仲間内で飽きることなくやるようになった。徹底的に意見を交わし合い、勝ち負けをつける。議論することが一種のスポーツのようになっていた。喧嘩《けんか》するわけではなく、互いに思い切り意見を交わすことが目的なので、しこりも残らない。当時をイメージすると「**侃侃諤諤**《かんかんがくがく》時代」です。

若い時期にそれをやったことで、論理的な議論の力が鍛えられた。論旨をぶれさせずに話をするのに、あの「侃侃諤諤時代」の経験が非常に役に立っています。

大学院に入ったくらいから、急に人と話すことが嫌になり、まったく話をしなくなった。それからしばらく孤独な時代に入ります。研究者として「**暗中模索**《あんちゅうもさく》時代」が続く。

三十代前半まで「孤立無援《こりつむえん》時代」。自分では「独立不羈《どくりつふき》」の精神で、他人に頼らず、自分の力で成功してみせるという強い思いがあった。しかし、いま思えば「傍若無人《ぼうじゃくぶじん》」な面もあったと認めることもできる。

大きな転機になったのは、『声に出して読みたい日本語』が二〇〇一年に売れたことです。四十歳ぐらいからの五年間に「百花繚乱《ひゃっかりょうらん》」のような季節がやってきた。ずっと研究にエネルギーを費やしてきていたので、溜めてきたものを爆発させるように働いた。若いミュージシャンのように、いくらコンサートをやっても疲れない時代にヒット曲が出ればよかったのですが、遅咲きで身体の無理も利かなくなってきてからだったので、疲れも溜まってしまった。「狂瀾怒濤《きょうらんどとう》」、自分でコントロールできないような状況にまでなった。

もっと細かく区切って見れば、「鯨飲馬食《げいいんばしょく》」していた時代もあった。「軽佻浮薄《けいちょうふはく》」の方向に向かっていた時期もある。

四字熟語で自分史年表を作ってみると面白い。

その時々を四字熟語にたとえて、こういう時代だったと客観的に状況分析する。そのことで自己肯定をして過去に踏ん切りをつけ、次に進むことができます。

「癖」と「力」は意識次第

人生を四字熟語で振り返ってみると、年代によって「力」になる場合と「癖」になる場合があることに気づく。

たとえば「**猪突猛進**《ちょとつもうしん》」。普通には、イノシシがただがむしゃらに突き進むさまになぞらえて、融通の利かない行動、熟慮しない行動を言います。

しかし、若いときは脇目もふらずにひとつのことに突き進む「猪突猛進力」の時代があってもいい。**若いうちから力配分を考えてバランスを見計らうような人よりは、いまは他のことは何も考えられないくらいの勢いがあるほうが力強い。**

社会が若い世代に望んでいるのは、猪突猛進型の勢いである。若さゆえに怖がらない。ここぞと思ったところに全力を注ぎ込む向こう見ずさ。それが組織全体を活性化させるパワーにつながる。

受験勉強でもクラブ活動でも習い事でも、ひとつの目標に向けて猛然と突き進む感触を経験してきた人は、仕事においてもそこで培った瞬発力が発揮できる。

ただし、三十歳過ぎてもなお周りが見えていない状態は困ります。これは「猪突猛進癖」になる。ある程度の年齢になったら、周りのバランスを見る力が必要とされてくる。せめて、**「勇往邁進《ゆうおうまいしん》」**くらいには変化してほしいわけです。

心理学者エリクソンは、青年が先々を考えて思い惑う時代を「モラトリアム」と言いました。社会に出る前の猶予期間、いわば「執行猶予の時代」。自分探しということにもつながりますが、ある一時期だからこそ許される。延々と引きずって「モラトリアム人間」と呼ばれるのは、自分の人生に節目をつけられないからです。どこかでピシッと線を引いて、次の時代に足を踏み入れていかなくてはならない。

「無為徒食《むいとしょく》」は、「ニート」を先取りしたような四字熟語です。「ある時期、人と関わりたくない」という心の在り方がある。青年期のある種の形です。私もそうでした。これも漫然と続けていたら「癖」。しかし、「無為徒食時代」を「いまは何もしないスタンス」と設定して、ひとつの時代として切り抜ける。どこかで脱する覚悟を持ってするのであれば「無為徒食時代」も、何らかの力になりえます。

「癖」と「力」の差は、そこに意識が介在しているかどうかにある。意識を以《もっ》てすれば、「猪突猛進」や「無為徒食」に身を投じることも意味あることです。けじめをつけられれば、長い人生のなかの一断面としてその時代に価値を持たせられるわけです。

「力」を欲している時代

『読書力』『質問力』『コミュニケーション力』『教え力』『コメント力』『段取り力』……これまでに「力」と題した本をたくさん出しています。タイトルに付していないものも、概《おおむ》ね何らかの「力」を磨く本です。「いいかげんに『力』を使うのはやめたらどうか」といわれることもある。

しかし、私は今後も「力」を鍛える本をどんどん出していくつもりです。

みんな「力」を欲している。自分に欠けている「力」を補い、すでに備えている「力」をもっと磨きたいと思っている。

コンセプトをはっきりさせないと、ものが売れない時代であり、同時に創れない時代である。

「力」と名づけるだけで、そのものの姿がくっきり鮮明に見えてくるところがある。たとえば、もっと気の利いた話ができるようになりたい。それを「コメント力」と名づけることで、やるべきことが見えてくる。身につけるべきものの本質がわかりやすくなる。

私は、そういうところに一つひとつスポットを当てて、自分の「力」にしていくコツを解き明かしていきたいのです。

四字熟語は、「力」の宝庫です。

これまでマイナスな意味合い、否定的ニュアンスだと受けとめていた四字熟語も、少し視点をずらして考えてみると、プラス思考に置き換えることができる。本書に収録したのは、ほんの一部に過ぎないが、ずらしの発想法は理解してもらえたと思う。

本書をきっかけに、ユニークな解釈を見出して、自分にとっての「四字熟語力」をさらに増やしていってください。

参考文献

『角川必携国語辞典』　角川書店
『広辞苑』　岩波書店
『新明解四字熟語辞典』　三省堂
『夢をつかむイチロー262のメッセージ』　ぴあ　二〇〇五年二月
『星野仙一　炎の監督術』　高田実彦　プレジデント社　二〇〇三年四月
『誇大自己症候群』　岡田尊司　ちくま新書　二〇〇五年九月
『キライなことば勢揃い』　高島俊男　文藝春秋　二〇〇一年二月
『血脈』　佐藤愛子　文藝春秋　二〇〇一年
『くらたま&ヨーコの恋愛道場』　倉田真由美・渡辺洋香　白夜書房　二〇〇四年二月
『逆境ナイン』　島本和彦　小学館
『呪われた部分』　ジュルジュ・バタイユ／生田耕作訳　二見書房　一九七三年
『岡本太郎の眼』　岡本太郎　朝日新聞社　一九六六年
『宮沢賢治全集』　ちくま文庫
『枕草子　紫式部日記　日本古典文学大系19』　岩波書店　一九五八年九月
『イン・ザ・プール』　奥田英朗　文藝春秋　二〇〇二年五月
『他人を見下す若者たち』　速水敏彦　講談社現代新書　二〇〇六年二月
『真夜中の弥次さん喜多さん』　しりあがり寿　マガジンハウス
『百年の誤読』　岡野宏文・豊崎由美　ぴあ　二〇〇四年十一月
『自分の中に毒を持て』　岡本太郎　青春出版社　一九八八年一月
『子規句集』　岩波文庫　一九九三年四月
『アカギ――闇に降り立った天才』　福本伸行　竹書房
『刺青・秘密』　谷崎潤一郎　新潮文庫
『ドン・キホーテ』　セルバンテス／牛島信明訳　岩波文庫

四字熟語力・癖 掲載語彙五十音順索引

い

唯唯諾諾(いいだくだく)力　190
意気投合(いきとうごう)力　121
以心伝心(いしんでんしん)力　117
一意専心(いちいせんしん)力　89
一網打尽(いちもうだじん)力　59
一気呵成(いっきかせい)力　138
一進一退(いっしんいったい)力　167
一知半解(いっちはんかい)癖　128

う

有象無象(うぞうむぞう)力　155
海千山千(うみせんやません)力　134
紆余曲折(うよきょくせつ)力　149

お

大盤振舞(おおばんぶるまい)力　101
傍目八目(おかめはちもく)力　147

か

臥薪嘗胆(がしんしょうたん)力　74
隔靴掻痒(かっかそうよう)癖　106
活殺自在(かっさつじざい)力　81
我田引水(がでんいんすい)力　23
画竜点睛(がりょうてんせい)力　44
夏炉冬扇(かろとうせん)力　202
眼光紙背(がんこうしはい)力　183
換骨奪胎(かんこつだったい)力　48
冠婚葬祭(かんこんそうさい)力　52
頑迷固陋(がんめいころう)癖　174
閑話休題(かんわきゅうだい)力　144

き

気宇壮大(きうそうだい)力　31
旗幟鮮明(きしせんめい)力　218
起承転結(きしょうてんけつ)力　56
疑心暗鬼(ぎしんあんき)癖　36
鬼面仏心(きめんぶっしん)力　114
旧態依然(きゅうたいいぜん)力　198
虚虚実実(きょきょじつじつ)力　207
虚心坦懐(きょしんたんかい)力　83
毀誉褒貶(きよほうへん)力　160
緊褌一番(きんこんいちばん)力　93

け

乾坤一擲(けんこんいってき)力　70
捲土重来(けんどちょうらい)力　86

こ

傲岸不遜(ごうがんふそん)癖　142

剛毅木訥（ごうきぼくとつ）力 179
巧遅拙速（こうちせっそく）力 170
虎視眈眈（こしたんたん）力 215
孤立無援（こりつむえん）力 43

し

自画自賛（じがじさん）力 18
色即是空（しきそくぜくう）力 232
舌先三寸（したさきさんずん）癖 73
四面楚歌（しめんそか）力 41
出処進退（しゅっしょしんたい）力 212
小人閑居（しょうじんかんきょ）癖 200
支離滅裂（しりめつれつ）力 151
人間青山（じんかんせいざん）力 236
心機一転（しんきいってん）力 97
針小棒大（しんしょうぼうだい）力 26
心頭滅却（しんとうめっきゃく）力 78

せ

臍下丹田（せいかたんでん）力 176
是是非非（ぜぜひひ）力 108
切磋琢磨（せっさたくま）力 38
絶体絶命（ぜったいぜつめい）力 165
千載一遇（せんざいいちぐう）力 62

そ

漱石枕流（そうせきちんりゅう）力 238

た

大言壮語（たいげんそうご）力 28
泰然自若（たいぜんじじゃく）力 112

ち

朝三暮四（ちょうさんぼし）力 204
朝令暮改（ちょうれいぼかい）力 185

と

当意即妙（とういそくみょう）力 66

は

拍手喝采（はくしゅかっさい）力 228
八面六臂（はちめんろっぴ）力 224

ふ

不即不離（ふそくふり）力 130

ほ

傍若無人（ぼうじゃくぶじん）癖 158
本末転倒（ほんまつてんとう）癖 222

み

三日坊主（みっかぼうず）力 187

ゆ

有言実行（ゆうげんじっこう）力 33
優柔不断（ゆうじゅうふだん）力 194

よ

羊頭狗肉（ようとうくにく）癖 51

平成十八年五月三十一日　初版発行

頭《あたま》がよくなる四字《よじ》熟語力《じゅくごりょく》

著　者——齋藤《さいとう》　孝《たかし》

発行者——井上伸一郎

発行所——株式会社角川書店
東京都千代田区富士見二-一三-三
〒一〇二-八一七七
振替〇〇一三〇-九-一九五二〇八
電話／営業〇三-三二三八-八五二一
編集〇三-三二三八-八五五五

印刷所——旭印刷株式会社

製本所——本間製本株式会社

ISBN4-04-883953-5　C0095